# UNE FILLE

# DU RÉGENT.

Sceaux. — Impr. E. DÉPÉE.

# UNE FILLE
# DU RÉGENT

PAR

**Alexandre Dumas.**

IV

PARIS
ALEXANDRE CADOT, ÉDITEUR,
32, RUE DE LA HARPE.

1845

# I

## Un Compagnon de Bastille.

(SUITE.)

Le major et les guichetiers partis, Gaston resta seul avec le prisonnier, qui commença par se détirer longuement, puis bâilla trois ou quatre fois, se retourna, regarda sans rien voir dans la chambre et fit craquer son lit en se secouant.

— Bon, qu'il fait froid à cette maudite Bastille, murmura-t-il en se grattant le nez avec fureur.

— Cette voix, ce geste, pensa Gaston ; mais non c'est lui-mème, et je ne me trompe pas.

Et il s'approcha du lit.

— Tiens, tiens, tiens, dit le prisonnier en laissant glisser ses jambes en bas de son lit sur lequel il demeura assis, regardant Gaston d'un air étonné. — Vous ici, monsieur de Chanlay?

— Le capitaine Lajonquière, s'écria Gaston.

— Moi-même, c'est-à-dire, non pas, je ne suis plus ce que vous dites. — J'ai changé de nom depuis que nous ne nous sommes vus.

— Vous?

— Oui, moi.

— Et vous vous appelez?

— *Première trésor*.

— Vous dites.

— *Première trésor*, pour vous servir, chevalier. C'est une habitude à la Bastille, le prisonnier prend le nom de sa chambre, cela épargne aux guichetiers le désagrément de retenir des noms qu'ils n'ont pas besoin de savoir et qu'il serait dangereux pour eux de ne pas oublier. Cependant, il y a des cas où cela varie, lorsque la Bastille est trop pleine et qu'on met deux ou trois prisonniers ensemble, ils prennent des numéros en double emploi, exemple : on m'a mis ici, je suis *première trésor*, on vous y mettrait avec moi, vous seriez *première trésor bis*, on y mettrait Son Exellence avec nous, il serait *première trésor ter*, etc, Les guichetiers ont une espèce de petite littérature latine à cet usage.

— Oui, je comprends, répondit Gaston qui avait regardé fixement La Jonquière pendant toute cette explication ; ainsi vous voilà prisonnier.

— Parbleu ! vous le voyez bien. Je présume que ni vous ni moi ne sommes ici pour notre plaisir.

— Alors, nous sommes découverts.

— J'en ai peur.

— Grâce à vous!

— Comment! grâce à moi, s'écria La Jonquière en jouant le plus profond étonnement, Ne plaisantons pas, je vous prie.

— Vous avez fait des révélations, traître.

— Moi? Allons donc, jeune homme, vous êtes fou, et ce n'est pas à la Bastille qu'il fallait vous mettre, c'est aux Petites Maisons.

— Ne niez pas. Monsieur d'Argenson me l'a dit.

— Monsieur d'Argenson! Ah! pardieu l'autorité est bonne. Et savez-vous ce qu'il m'a dit, à moi?

— Non.

— Il m'a dit que vous m'aviez dénoncé.

— Monsieur!

— Eh bien! après, monsieur!.. N'allons-nous pas nous couper la gorge parce que la police a fait son métier en mentant comme un affreux arracheur de dents.

— Mais enfin, sur quoi a-t-il pu découvrir...

— Je vous le demande? Mais il y a un fait, c'est que si j'avais dit quelque chose, je ne serais pas ici. Vous m'avez peu vu; mais cependant, vous avez dû deviner que je ne suis pas assez bête pour faire des aveux gratis. Les révélations se vendent, Monsieur, et même se vendent bien par le temps qui court, et j'en sais que Dubois a achetées ou aurait achetées fort cher.

— Peut-être avez-vous raison, dit Gaston après avoir réfléchi. En tous cas, bénissons le hasard qui nous rassemble.

— Je le veux bien.

— Vous n'avez pas l'air enchanté, cependant.

— C'est que je ne le suis que modérément, je l'avoue.

— Capitaine !

— Ah mon Dieu ! quel mauvais caractère vous faites.

— Moi ?

— Oui. Vous vous emportez toujours.

Je tiens à ma solitude, moi; il n'y a que la solitude qui ne parle pas.

— Monsieur !

—Encore! Voyons, écoutez-moi. Croyez-vous, comme vous le dites, que ce soit le hasard qui nous rassemble?

— Et que voulez-vous que ce soit?

— Parbleu ! quelque combinaison inconnue de nos geôliers, de d'Argenson, de Dubois peut-être.

— N'est-ce donc pas vous qui m'avez écrit un billet?

— Un billet! moi!...

— Dans lequel vous me disiez de feindre une maladie d'ennui.

— Et sur quoi vous aurais-je écrit cela ; avec quoi, par qui ?

Gaston parut réfléchir, et ce fut pendant ce temps que La Jonquière regarda de son petit œil vif et perçant.

— Tenez, dit le capitaine au bout d'un instant, je crois, moi, tout au contraire, que c'est à vous que nous devons le plaisir de nous trouver réunis à la Bastille.

— A moi, monsieur ?

— Oui, chevalier, vous êtes trop confiant. Je vous donne cet avis dans le cas où vous sortiriez d'ici, et surtout dans le cas où vous y resteriez.

— Merci.

— Avez-vous remarqué si vous étiez suivi ?

— Non.

— Quand on conspire, mon cher, il ne faut jamais regarder devant soi, mais derrière soi.

Gaston avoua qu'il n'avait pas pris cette précaution.

—Et le duc, demanda La Jonquière, est-il arrêté ?

— Je n'en sais rien. J'allais vous le demander.

— Peste ! cela deviendrait inquiétant. Vous avez conduit une jeune femme chez lui ?

— Vous savez cela !

— Eh ! mon cher, tout se sait. Ne serait-ce point elle qui aurait parlé ! Ah ! mon cher chevalier, les femmes ! les femmes !

— Celle-là est une vaillante, Monsieur ; et pour la discrétion, le courage et le dévoûment, j'en réponds comme de moi-même.

— Oui, je comprends ; nous l'aimons, donc elle est de miel et d'or. Diable de conspirateur que vous êtes, allez, de vous aviser de mener des femmes chez le chef du complot !

— Mais je vous dis d'abord que je ne lui

ai rien confié, et qu'elle ne peut savoir de mes secrets que ce qu'elle en a surpris.

— La femme a l'œil vif et le nez fin.

— Et sût-elle, au reste, mes projets comme moi-même, je suis convaincu qu'elle n'en eût pas ouvert la bouche.

— Eh! monsieur, sans compter la disposition qu'elle a naturellement à cet exercice, est-ce qu'on ne fait pas toujours parler une femme? On lui aura dit sans préparation aucune : Votre amant, monsieur de Chanlay, va avoir le cou coupé, — ce qui, du reste, est fort possible, soit dit entre parenthèses, chevalier, — si vous ne donnez quelques explications, et je parie qu'elle parle encore.

— Il n'y a pas de danger, monsieur, elle m'aime trop.

— C'est pour cela, pardieu! qu'elle aura jasé comme une pie, et que nous voici tous les deux en cage. Enfin, ne parlons plus de cela. Que faites-vous ici?

— Je m'amuse.

— Vous vous amusez? Ah! bon, voilà de la chance!.. Vous vous amusez! et à quoi!

— A faire des vers, à manger des confitures et à percer le plancher.

— Vous faites des trous dans le plâtre du roi? dit La Jonquière en se grattant le nez. Oh! oh! cela est bon à savoir. Et monsieur Delaunay ne gronde pas?

— Monsieur Delaunay n'en sait rien, répondit Gaston, d'ailleurs, je ne suis pas seul, tout le monde ici perce quelque chose, l'un son plancher, l'autre sa cheminée, l'autre son mur, — est-ce que vous ne percez rien, vous ?

La Jonquière regarda Gaston pour voir s'il ne se moquait pas de lui.

— Je vous dirai cela plus tard.

—Mais voyons, reprit La Jonquière, parlons sérieusement, monsieur Gaston, êtes-vous condamné à mort ?

— Moi !

— Oui, vous.

— Comme vous dites cela.

— Mais c'est une habitude à la Bastille, il y a ici vingt condamnés à mort qui ne s'en portent pas plus mal.

— J'ai été interrogé.

— Vous voyez bien.

— Mais je ne crois pas que je sois encore condamné.

— Cela viendra.

— Mon cher capitaine, sans que cela paraisse, dit Gaston, savez-vous que vous êtes d'une gaîté folle.

— Vous trouvez ?

— Oui.

— Et cela vous étonne ?

— Je ne vous savais pas si intrépide.

— Alors vous regretteriez la vie, vous?

— Je l'avoue, car il ne me faut qu'une chose pour être heureux, c'est de vivre.

— Et vous vous êtes fait conspirateur ayant la chance d'être heureux? Je ne vous comprends plus. Je croyais qu'on ne conspirait qu'en désespoir de cause, comme on se marie quand on n'a pas d'autre ressource.

—Quand je suis entré dans cette conspiration, je n'aimais pas encore.

— Et une fois entré ?

— Je n'ai plus voulu en sortir.

— Bravo ! voilà ce que j'appelle du caractère. Vous a-t-on donné la question ?

— Non ; mais je puis dire qu'il s'en est fallu de peu.

— Alors vous l'aurez?

— Pourquoi cela ?

— Parce que je l'ai eue, moi, et qu'il y aurait injustice à ce qu'on nous traitât différemment. Voyez comme tous ces drôles-là m'ont arrangé mes habits.

—Laquelle vous a-t-on donnée? demanda Gaston frissonnant encore au seul souvenir de ce qui s'était passé entre lui et d'Argenson.

— Celle de l'eau. On m'a fait boire un baril et demi. Mon estomac était comme une outre. Je n'aurais jamais cru que la poitrine de l'homme pouvait contenir tant de liquide sans éclater.

— Et vous avez beaucoup souffert ? demanda Gaston avec un intérêt mêlé d'anxiété personnelle.

— Oui, mais mon tempérament est robuste ; le lendemain, je n'y pensais plus. Il est vrai que, depuis j'ai bu beaucoup de vin. Si l'on vous applique à la question, et que vous ayez le choix, choisissez l'eau : cela nettoie. Toutes les boissons qu'on nous donne quand nous sommes malades ne sont qu'un moyen plus ou moins honnête de nous faire avaler de l'eau. Fagon dit que le plus grand médecin dont il ait entendu parler était le docteur Sangrado. Malheureusement, il n'a jamais existé que dans la tête de Cervantes : sans cela, il eût fait des miracles.

—Vous connaissez Fagon, demanda Gaston étonné.

—Pardieu! de réputation. D'ailleurs, j'ai lu ses ouvrages... Et comptez-vous persister à ne rien dire?

— Sans doute.

—Vous avez raison. Je vous dirais bien, si vous regrettez tant la vie que vous le disiez tout-à-l'heure, de dire quelques mots tout bas en particulier à d'Argenson. Mais c'est un bavard, qui irait révéler votre confession à tout le monde.

— Je me tairai, Monsieur, soyez tranquille. Il y a des points sur lesquels je n'ai pas besoin d'être affermi.

—Je le crois, pardieu, bien! Il paraît que vous menez une vie de Sardanapale dans votre tour. Moi, je n'ai dans la mienne que M. le comte de Laval, qui prend trois lavements par jour. C'est un divertissement qu'il a inventé. Eh! mon Dieu! les goûts sont si bizarres en prison. Et puis, il veut peut-être s'habituer à la question de l'eau, le digne homme!

— Mais, reprit Gaston, ne me disiez-vous pas tout à l'heure que je serais certainement condamné?

— Voulez-vous savoir toute la vérité?

— Oui.

—Eh bien ! d'Argenson m'a dit que vous l'étiez.

Gaston pâlit ; si brave que l'on soit, une pareille nouvelle produit toujours quelque émotion. La Jonquière remarqua ce mouvement de physionomie, si léger qu'il fût.

Cependant, dit-il, je crois que vous auriez la vie sauve en faisant quelques révélations.

— Pourquoi voulez-vous que je fasse ce que vous n'avez pas fait, vous?

Les caractères sont différents, et les positions aussi. Je ne suis plus jeune, moi. Je ne suis plus amoureux, moi. Je ne laisse pas de maîtresse dans les larmes, moi.

Gaston soupira.

— Vous voyez bien, continua La Jonquière, qu'il y a en nous deux hommes bien différents. Où m'avez-vous jamais entendu soupirer comme vous soupirez en ce moment?

— Si je meurs, dit Gaston, Son Excellence aura soin d'Hélène.

— Et s'il est arrêté lui-même?

— Vous avez raison.

— Alors.

— Alors Dieu sera là.

La Jonquière se gratta le nez.

— Décidément, vous êtes bien jeune, dit-il.

— Expliquez-vous.

— Supposons que son Excellence ne soit point arrêtée.

— Eh bien !

— Quel âge a son Excellence ?

— Quarante-cinq à quarante-six ans, je présume.

— Supposez que son Excellence devienne amoureux d'Hélène, n'est-ce pas ainsi que vous nommez votre vaillante ?

— Le duc amoureux d'Hélène, lui à qui je l'ai confiée; mais ce serait une infamie!

— Le monde en est plein d'infamie, il ne marche qu'avec cela.

— Oh ! je ne veux pas même m'arrêter à cette pensée.

— Je ne vous dis point de vous y arrêter, dit La Jonquière avec son sourire diabolique ; je vous la donne, voilà tout, faites-en ce que vous voudrez.

— Chut, dit Gaston, on vient.

Avez-vous donc demandé quelque chose!

— Moi, pas du tout.

— Alors c'est que le temps qu'on nous avait accordé pour votre visite est écoulé.

Et La Jonquière se rejeta sur son lit avec précipitation.

Les verrous crièrent ; une porte s'ouvrit, puis une autre, enfin le gouverneur parut,

—Eh bien ! monsieur, dit le gouverneur

à Gaston, vocre compagnon vous convient-il ?

— Oui, monsieur, répondit Gaston, d'autant mieux que je connaissais monsieur le capitaine La Jonquière.

— Vous me dites là, répondit monsieur Delaunay en souriant, une chose qui rend ma tâche plus délicate. Mais cependant, puisque je vous ai fait une offre, je ne reviendrai point sur mes pas. Je permettrai une visite par jour, à l'heure qu'il vous plaira. Fixez l'heure : est-ce le matin, est-ce le soir ?

Gaston, ne sachant ce qu'il devait répondre, regarda La Jonquière.

— Dites cinq heures du soir, dit rapidement et tout bas La Jonquière à Gaston.

— Le soir, à cinq heures, Monsieur, s'il vous plaît, dit Gaston.

— Comme aujourd'hui, alors?

— Comme aujourd'hui.

— C'est bien ; il sera fait comme vous le désirez, Monsieur.

Gaston et La Jonquière échangèrent un regard significatif, et le chevalier fut reconduit dans sa chambre.

II

L'arrêt.

Il était six heures et demie, et par conséquent il faisait nuit obscure. Le premier soin du chevalier, en rentrant chez lui, fut, dès que la porte de sa chambre fut refermée, de courir à la cheminée.

— Eh? chevalier? dit-il.

Dumesnil répondit.

— J'ai fait ma visite.

— Eh bien ?

— Eh bien, j'ai trouvé sinon un ami, du moins une connaissance.

— Un nouveau prisonnier ?

— Qui doit dater de la même époque que moi.

— Comment le nommez-vous ?

— Le capitaine La Jonquière.

— Attendez-donc !

— Le connaissez-vous ?

— Mais, oui.

— Alors, rendez moi un grand service ; qu'est-il ?

— Oh mais! un ennemi acharné du régent.

— Vous êtes sûr?

— Comment donc! il était de notre conspiration, et s'en est retiré parce qu'il était question d'enlever et non d'assassiner.

— Alors il était?

— Pour l'assassinat.

— C'est bien cela, murmura Gaston. Donc, reprit-il tout haut, c'est un homme à qui l'on peut se fier?

—Si c'est le même dont j'ai entendu parler et qui demeurait rue des Bourdonnais, au Muids-d'Amour.

— Justement, c'est cela.

— Alors c'est un homme sûr !

— Tant mieux, dit Gaston; car cet homme tient entre ses mains la vie de quatre braves gentilshommes.

— Dont vous êtes un, n'est-ce pas ? dit Dumesnil.

— Vous vous trompez, reprit Gaston, et je me suis mis en dehors, car il paraît que pour moi tout est fini.

— Comment, tout est fini ?

— Oui, je suis condamné.

— A quoi ?

— A mort.

Il se fit un moment de silence entre les interlocuteurs.

— Impossible ! reprit le premier le chevalier Dumesnil.

— Et pourquoi cela, impossible ?

— Parce que, si j'ai bien compris, votre affaire se rattache à la nôtre, n'est-ce pas ?

— Elle en est la suite.

— Eh bien...

— Eh bien ?

— Notre affaire étant en bon chemin, la vôtre ne peut aller mal.

—Et qui vous a dit que votre affaire était en bon chemin ?

— Ecoutez : car pour vous, mon cher voisin, pour vous qui avez bien voulu consentir à être notre intermédiaire, nous n'avons plus de secrets.

— J'écoute, dit Gaston.

—Voilà ce que mademoiselle de Launay m'écrivait hier. Elle se promenait avec Maison-Rouge, qui, comme vous le savez, est amoureux d'elle, et dont nous nous moquons fort tous deux, mais nous nous ménageons pour la grande utilité dont il nous est; et comme, sous prétexte de maladie, elle avait demandé, ainsi que vous, un médecin, il la prévint que celui de la Bastille était à ses ordres. Or, il faut vous dire que nous avons connu, d'une façon assez intime même, ce médecin de la Bastille, qui se nomme Herment.

Cependant, elle n'espérait pas en tirer

grand'chose ; car c'est un homme fort craintif de sa nature. Lorsqu'elle entra dans le jardin où elle se promenait, et en lui donnant une consultation en plein air, il lui dit : *Espérez* ! — Dans la bouche d'un autre, ce mot n'était rien ; dans la bouche d'Herment, c'est beaucoup. — Or, du moment où l'on nous dit d'espérer, vous n'avez rien à craindre, vous, puisque nos deux affaires se rattachent si intimement l'une à l'autre.

— Cependant, reprit Gaston, à qui le mot semblait bien vague, La Jonquière paraissait bien sûr de ce qu'il disait.

En ce moment Pompadour frappa avec son manche à balai.

— Pardon, dit Gaston à Dumesnil, mais

le marquis m'appelle, peut-être a-t-il quelque nouvelle à m'annoncer.

Et Gaston alla à son trou, qu'en quelques coups de couteau il rendit praticable.

— Dites-donc, chevalier, dit Pompadour, demandez donc à Dumesnil s'il ne saurait pas quelque chose de nouveau par mademoiselle de Launay.

— Sur qui?

—Sur l'un de nous. J'ai surpris quelques mots, que le major et le gouverneur ont échangé à ma porte, j'ai entendu ceux-ci : *Condamné à mort.*

Gaston frissonna.

— Rassurez-vous, marquis, dit-il, j'ai

tout lieu de croire que c'est de moi qu'il était question.

— Diable ! mon cher chevalier, cela ne me rassurerait pas du tout. D'abord, parce que nous avons fait connaissance, et qu'on devient vite amis en prison ; ce qui fait que je serais désespéré qu'il vous arrivât quelque chose. Ensuite, parce que ce qui vous arriverait à vous pourrait bien nous arriver à nous aussi, vu la ressemblance de nos deux affaires.

— Et vous croyez que mademoiselle de-Launay pourrait nous tirer d'incertitude ? demanda Gaston.

— Sans doute, ses fenêtres donnent sur l'Arsenal.

— Après ?

— Après ? Elle aura bien vu s'il s'y est passé quelque chose de nouveau aujourd'hui ?

— Et justement, reprit Gaston, voilà qu'elle frappe.

En effet, mademoiselle de Launay frappait deux coups au plafond, ce qui voulait dire :

— Attention !

Gaston répondit à mademoiselle de Launay en frappant un coup, ce qui voulait dire :

— J'écoute !

Puis il alla ouvrir la fenêtre.

Un instant après, la ficelle descendit avec une lettre.

Gaston tira à lui la ficelle, prit la lettre, et alla au trou de Pompadour.

— Eh bien ! dit le marquis ?

— Une lettre, répondit Gaston.

— Que dit-elle !

— Je n'en sais rien ; mais je vais la faire passer au chevalier Dumesnil, qui me le dira.

— Dépêchez-vous.

— Pardieu ! dit Gaston, croyez bien que je suis aussi pressé que vous.

Et il courut à la cheminée.

— Le cordon, cria-t-il.

— Vous avez une lettre ? dit Dumesnil.

— Oui. Avez-vous de la lumière ?

— Je viens d'en allumer.

— Descendez vite le cordon alors.

— Le voilà.

Gaston attacha la lettre qui remonta aussitôt.

— La lettre n'est pas pour moi, elle est pour vous ; dit Dumesnil.

— N'importe, lisez toujours. Vous me direz ce qu'il y a dedans ; je n'ai pas de lumière, et vous perdriez beaucoup de temps à m'en descendre.

— Vous permettez ?

— Pardieu !

Il y eut un moment de silence.

— Eh bien! dit Gaston.

— Diable! fit Dumesnil.

— Mauvaises nouvelles, n'est-ce pas!

— Dam, jugez-en vous-même, et Dumesnil lut.

« Mon cher voisin.

« Il est arrivé ce soir des juges extraordinaires à l'Arsenal, et j'ai reconnu la livrée de d'Argenson. Nous en saurons davantage tout-à-l'heure, car je vais avoir la visite du médecin.

« Envoyez de ma part mille choses à Dumesnil. »

—C'est bien cela que m'avait dit La Jonquière, reprit Gaston. Des juges extraordinaires; c'est moi qu'ils ont jugé.

— Bah! chevalier, dit Dumesnil d'une voix qu'il essayait inutilement de faire rassurée, je crois que vous vous alarmez trop vite.

— Non pas, je sais à quoi m'en tenir, et puis, tenez?

— Quoi?

— On vient. Silence.

Et Gaston s'éloigna vivement de la cheminée.

La porte s'ouvrit : le major et le lieutenant, escortés de quatre soldats venaient chercher Gaston.

Gaston profita de la lumière qu'ils apportaient pour mettre un peu d'ordre dans sa toilette, puis il les suivit comme la première fois. On le fit entrer dans une chaise à porteurs bien close, précaution assez inutile, puisque sur son passage tous les soldats ou gardiens se retournaient du côté de la muraille : c'était la consigne de la Bastille.

Le visage de d'Argenson était renfrogné comme de coutume. Ses assesseurs n'avaient pas meilleur air que lui.

— Je suis perdu, murmura Gaston. Pauvre Hélène !

Puis il releva la tête avec l'intrépidité d'un homme brave qui, sachant que la mort va venir, lève la tête pour la voir arriver en face.

— Monsieur, dit d'Argenson, votre crime a été examiné par le tribunal dont je suis le président. On vous a permis dans les séances précédentes de vous défendre. Si l'on n'a pas jugé à propos de vous accorder un avocat, ce n'est point dans le but de nuire à votre défense ; mais au contraire parce qu'il est inutile de publier vis-à-vis de vous l'indulgence extrême d'un tribunal chargé d'être sévère.

— Je ne vous comprends pas, Monsieur, dit Gaston.

— Alors je serai plus clair, dit le lieutenant de police. Les débats eussent fait ressortir, même aux yeux de votre défenseur, une chose incontestable, c'est que vous êtes un conspirateur et un assassin. Comment vouliez-vous que, ces deux points établis, on usât d'indulgence avec vous? Mais vous voilà devant nous. Toutes facilités vous seront données pour votre justification. Si vous demandez un délai, vous l'aurez ; si vous désirez des recherches de pièces, elles seront faites ; si vous parlez, enfin, vous avez la parole, et on ne vous la retirera point.

— Je comprends la bienveillance du tribunal, répondit Gaston, et je l'en remercie. De plus, l'excuse qu'il me donne pour l'absence d'un défenseur, dont je n'ai pas besoin, me semble suffisante. Je n'ai pas à me défendre.

— Vous ne voulez donc ni témoins, ni pièces, ni délais.

— Je veux mon arrêt, voilà tout.

— Voyons, continua d'Argenson, pour vous-même, chevalier, ne vous entêtez pas ainsi, et faites quelques aveux.

— Je n'ai pas d'aveux à faire; car remarquez que dans tous mes interrogatoires, vous n'avez pas même formulé une accusation précise.

— Et vous en voudriez une ?

— J'avoue que je ne serais pas fâché de savoir de quoi l'on m'accuse.

— Eh bien, je vais vous le dire : vous êtes venu à Paris, délégué par la commission républicaine de Nantes; vous êtes venu pour assassiner le régent. Vous étiez adressé à un nommé La Jonquière, votre complice, aujourd'hui condamné comme vous.

Gaston se sentait pâlir, car toutes ces accusations étaient vraies.

— Cela serait, Monsieur, reprit-il, que vous ne pourriez le savoir, un homme qui veut commettre une telle action, ne l'avoue que lorsqu'elle est commise.

— Oui, mais ses complices l'avouent pour lui.

— C'est me dire que La Jonquière me dénonce?

— La Jonquière, — il n'est pas question

de La Jonquière, mais des autres accusés.

— Des autres accusés, s'écria Gaston, y a-t-il donc encore d'autres personnes arrêtées que moi et le capitaine La Jonquière.

— Mais oui, il y a MM. de Pontcalec, de Talhouet, de Mont-Louis et Ducouëdic.

— Je ne vous comprends pas, dit Gaston, avec un vague et profond sentiment de terreur, non pour lui, mais pour ses amis.

— Comment! vous ne comprenez pas que MM. de Pontcalec, de Talhouet, de Mont-Louis et Ducouëdic ont été arrêtés et qu'on leur fait leur procès en ce moment même à Nantes.

— Arrêtés ! eux ! s'écria Gaston. Impossible.

— Ah ! oui, n'est-ce pas ? dit d'Argenson. Vous pensiez que la province se révolterait plutôt que de laisser arrêter ses défenseurs, comme vous dites, vous autres rebelles. Eh bien, la province n'a rien dit; la province a continué de rire, de chanter et de danser. Seulement, on s'informe déjà sur quelle place de Nantes ils seront décapités, afin d'y louer des fenêtres.

— Je ne vous crois pas, Monsieur, dit froidement Gaston.

— Donnez-moi ce portefeuille, dit d'Argenson à une espèce de greffier qui se tenait debout derrière lui.

— Tenez, Monsieur, continua le lieutenant de police en tirant successivement plusieurs papiers du portefeuille; voici les actes d'arrestation, suivis des procès-verbaux. Doutez-vous des pièces authentiques?

— Tout cela ne me dit point, Monsieur, qu'ils m'aient accusé.

— Ils ont dit tout ce que nous voulions savoir, et votre culpabilité résulte clairement de leurs interrogatoires.

— En ce cas, et s'ils ont dit tout ce que vous vouliez savoir, vous n'avez plus besoin de mes aveux.

— Est-ce votre réponse définitive, Monsieur ?

— Oui.

— Greffier, lisez le jugement.

— Le greffier déroula un papier et lut d'une voix nasillarde, du même ton qu'il eût lu un simple exploit :

« Attendu qu'il résulte de l'instruction commencée le 19 février que messire Gaston-Éloy de Chanlay est venu de Nantes à Paris dans l'intention de commettre sur la personne de Son Altesse Royale Monseigneur le régent de France un crime de meurtre, qui devait être suivi de révolte contre l'autorité du roi, la commission extraordinaire instituée pour connaître de ce crime a jugé le chevalier de Chanlay digne du châtiment réservé aux coupables de haute trahison et de lèse-majesté, la personne de M. le régent étant inviolable comme personne royale.

« En conséquence :

« Ordonnons que M. le chevalier Gaston de Chanlay sera préalablement dégradé de ses titres et dignités ; déclare ignoble lui et sa postérité à perpétuité, ses biens confisqués, ses bois de haute futaie coupés à la hauteur de six pieds, et lui-même décapité à la requête des gens du roi, soit en place de Grève, soit en tout lieu qu'il plaira à M. le grand-prévôt d'indiquer, sauf le pardon de Sa Majesté.

Gaston écouta la lecture de sa condamnation avec la pâleur, mais aussi avec l'immobilité d'une statue de marbre.

— Et quand l'exécution aura-t-elle lieu ? demanda-t-il.

— Sitôt qu'il plaira à Sa Majesté, répondit le lieutenant de police.

Gaston sentit comme un grand serrement aux tempes, un nuage sanglant passa devant ses yeux. Il sentit que ses idées se troublaient et demeura silencieux, pour ne pas dire quelque chose d'indigne de lui. Mais si l'impression fut vive, elle fut rapide : peu à peu la sérénité reparut sur son front, le sang remonta à ses joues, et une espèce de sourire dédaigneux retroussa ses lèvres.

— C'est bien, Monsieur, dit-il ; à quelque moment que vienne l'ordre de Sa Majesté, il me trouvera prêt. Seulement je voudrais savoir si, avant de mourir, il me sera permis de voir quelques personnes qui me sont chères, et de demander une faveur au roi.

Les yeux de d'Argenson pétillèrent d'une joie maligne.

— Monsieur, dit-il, je vous avais prévenu qu'on vous traiterait avec indulgence; vous pouviez donc me dire cela plus tôt, et la bonté de Sa Majesté ne se fût peut-être pas laissé devancer par une prière.

— Vous vous méprenez, Monsieur, dit Gaston avec dignité. Je ne demande à Sa Majesté qu'une faveur dont ma gloire et la sienne ne souffriront pas.

— Vous pourriez mettre celle du roi avant la vôtre, Monsieur, dit un assesseur avec un ton qui sentait la chicane de cour.

— Monsieur, répondit Gaston, je vais mourir, ma gloire commencera plus tôt que celle de Sa Majesté.

— Que demandez-vous donc? dit d'Argenson; parlez, et je vous dirai tout de suite s'il y a chance qu'il soit fait droit à votre requête.

— Je demande d'abord à ce que mes titres et dignités, qui d'ailleurs sont peu de chose, ne soient pas éteints ni altérés; car je n'ai pas de postérité, je meurs tout entier, et mon nom est la seule chose qui doive me survivre; encore, comme il n'était que noble, et non illustre, ne me survivra-t-il pas longtemps.

— Ceci est faveur toute royale, Monsieur. Sa Majesté seule peut répondre, et Sa Majesté répondra. Était-ce tout ce que vous désiriez, Monsieur?

— Non, Monsieur. Je désire encore une chose, mais je ne sais à qui je dois en faire la demande.

— A moi d'abord, Monsieur; puis en ma qualité de lieutenant de police, je verrai si je dois prendre sous ma responsabilité de vous accorder cette chose, ou s'il est nécessaire que j'en réfère à Sa Majesté.

— Eh bien, Monsieur, dit Gaston, je désire qu'on m'accorde la grâce de voir ma demoiselle Hélène de Chaverny, pupille de Son Excellence M. le duc d'Olivarès et monsieur le duc lui-même.

D'Argenson, à cette demande, fit un geste singulier que le chevalier interpréta comme une hésitation.

— Monsieur, se hâta d'ajouter Gaston, je les verrai où l'on voudra, et aussi peu de temps que l'on voudra.

—C'est bien, Monsieur, vous les verrez, dit d'Argenson.

— Ah! Monsieur, s'écria Gaston, en faisant un pas en avant, comme pour lui prendre la main, vous me comblez de joie.

— A une condition cependant, Monsieur.

— Laquelle, dites? il n'est aucune condition compatible avec mon honneur que je n'accepte en échange d'une si grande grâce.

— Vous ne parlerez à personne de votre condamnation ; et cela sur votre parole de gentilhomme.

— Et je le ferai d'autant plus volontiers, Monsieur, répondit Gaston, que l'une des deux personnes mourrait à coup sûr en l'apprenant.

— Alors, voilà qui va bien. N'avez-vous plus rien à dire?

— Non, Monsieur; sinon que je désire que vous attestiez que je n'ai rien dit.

— Vos dénégations sont inscrites aux

procès-verbaux. Greffier, passez les pièces à Monsieur, qu'il les lise, et qu'il les signe.

Gaston s'assit devant une table, et tandis que d'Argenson et les juges groupés autour de lui causaient entre eux, il lut avec attention toutes les pièces du procès, et repassa toutes les demandes du lieutenant de police et toutes les réponses qu'il y avait faites depuis ses interrogatoires. Puis, les ayant trouvées conformes à ses souvenirs, il signa.

— Monsieur, dit Gaston, voici vos papiers en règle. Aurai-je l'honneur de vous revoir?

— Je ne crois pas, répondit d'Argenson avec cette brutalité qui en faisait l'épouvantail de tout prévenu et de tout condamné.

— Alors, au revoir dans l'autre vie, Monsieur.

D'Argenson s'inclina et fit le signe de la croix, selon l'usage des juges qui prennent congé d'un homme qu'ils viennent de condamner à mort.

Alors le major s'empara de Gaston et le remena dans sa chambre.

III

Une haine de Famille.

Rentré dans sa chambre, Gaston fut obligé de répondre à Dumesnil et à Pompadour, qui avaient veillé en attendant pour avoir de ses nouvelles. Selon la promesse qu'il avait faite à monsieur d'Argenson, il ne dit pas un mot de l'arrêt qui le condamnait à mort, et leur annonça simplement un interrogatoire plus grave que les autres. Seulement, comme il voulait avant de mourir écrire quelques lettres, il demanda de la lumière au chevalier Dumesnil. Quant au papier et au crayon, on se rappelle qu'il en avait obtenu du gouverneur pour dessiner.

Cette fois Dumesnil lui descendit une bougie allumée ; chaque chose allait en progressant, comme on voit. Maison-Rouge ne savait rien refuser à mademoiselle de Launay, et mademoiselle de Launay partageait tout avec son chevalier, qui, en bon camarade de prison, partageait ses richesses entre Gaston et Richelieu, ses voisins.

Gaston malgré la promesse que lui avait faite d'Argenson, doutait toujours qu'on lui permît de revoir Hélène, mais il savait qu'on ne le laisserait pas mourir sans lui donner un confesseur. Or, il n'y avait aucun doute que ce confesseur ne consentît à exaucer le dernier vœu d'un mourant en remettant deux lettres à leur adresse.

Comme il allait se mettre à écrire, il entendit mademoiselle de Launay donnant le signal qu'elle avait quelque chose à lui faire passer.

C'était une lettre à son adresse. Cette fois Gaston put la lire : il avait de la bougie.

La lettre était ainsi conçue :

« Notre ami, car vous êtes devenu notre ami, et il n'y a plus de secret pour vous, rendez compte à Dumesnil de ce fameux espoir que j'avais conçu d'après le mot que m'avait dit Herment. »

Le cœur de Gaston palpita ; peut-être allait-il, lui aussi, trouver quelques motifs d'espoir dans cette lettre : ne lui avait-on pas dit que son sort ne pouvait être séparé de celui des conspirateurs de Cellamare ? Il est vrai que ceux qui lui avaient dit cela ne connaissaient pas sa conspiration, à lui.

Il reprit donc :

« Il y a une demi-heure, le médecin est venu, accompagné de Maison-Rouge. Ce dernier me fit de si doux yeux que j'en conçus le plus favorable augure. Cependant, lorsque je lui demandai à parler en particulier, ou au moins tout bas au médecin, il me fit de grandes difficultés, que je levai avec un sourire.

« — Au moins, dit-il, il est entendu que personne ne saura que je me suis éloigné hors de la portée de la voix ; car sans aucun doute je perdrais ma place si quelqu'un était instruit de ma facilité.

« Ce ton d'amour et d'intérêt combinés ensemble me parut si grotesque, que je lui promis en riant tout ce qu'il voulut. Vous voyez comme je lui tiens parole.

« Il s'éloigna donc, et monsieur Her_ment s'approcha.

« Alors commença un dialogue où les gestes signifiaient une chose tandis que la voix en disait une autre.

« — Vous avez de bons amis, dit Herment, des amis haut placés et qui s'intéressent particulièrement à ce qui vous regarde.

« Je pensai naturellement à madame du Maine.

« — Ah! monsieur, m'écriai-je, vous a-t-on chargé de quelque chose pour moi?

« — Chut! dit Herment, tirez-moi la langue.

« — Vous jugez si le cœur me battait.. »

Gaston mit la main sur son propre cœur

et s'aperçut qu'à lui aussi le cœur lui battait violemment.

« — Et qu'avez-vous à me remettre ?

« — Oh ! rien, moi-même ; mais on vous apportera l'objet convenu.

« — Mais quel est cet objet ? Dites, voyons !

« — On sait que les lits de la Bastille sont mauvais et surtout mal couverts, et l'on m'a chargé de vous offrir...

« — Mais quoi, enfin ?

« — Un couvre-pieds.

« J'éclatai de rire ; le dévoûment de mes amis se bornait à m'empêcher de m'enrhumer.

« — Mon cher monsieur Herment, lui

dis-je, dans la position où je suis, il me semble que c'est plutôt de ma tête que de mes pieds que mes amis devraient s'occuper. Mais enfin n'importe, repris-je, je veux savoir quel est cet ami.

« — C'est une amie.

« — Alors quelle est cette amie ?

« — Mademoiselle de Charolais, dit Herment en baissant la voix de manière à ce que j'entendis à peine.

« Puis il se retira.

« Et moi, cher chevalier, je suis là, attendant le couvre-pieds de mademoiselle de Charolais.

« Racontez la chose à Dumesnil ; elle le fera rire. »

Gaston soupira tristement. La gaité des gens qui l'entouraient pesait sur son cœur. Etait-ce un nouveau supplice qu'on avait inventé que de lui défendre de confier son sort à qui que ce fût, il lui semblait qu'il eût trouvé une consolation dans les larmes que ses deux voisins eussent versées sur ses malheurs. Être plaint par deux cœurs qui s'aiment quand on aime soi-même et qu'on va mourir, est un grand soulagement.

Aussi Gaston n'eut-il pas le courage de lire la lettre à Dumesnil ; il la lui fif passer tout entière, et un instant après il entendit ses éclats de rire.

En ce moment même, il disait adieu à Hélène.

Après avoir passé une partie de la nuit à écrire, Gaston se coucha et s'endormit. A vingt-cinq ans il faut toujours que l'on dorme, même quand on va s'endormir pour toujours.

Le matin, on apporta à Gaston son déjeuner, à l'heure habituelle. Seulement, Gaston remarqua qu'il était plus délicat que de coutume; il sourit à cette attention suprême, et se rappela les soins qu'on avait, disait-on, pour les condamnés à mort.

Vers la fin du déjeuner, le gouverneur entra.

Gaston, d'un coup-d'œil rapide, interrogea son visage. C'était le même visage affable et plein de courtoisie. Lui aussi ignorait-il donc la condamnation de la veille, ou était-ce un masque qu'il portait?

— Monsieur, dit le gouverneur, voulez-vous bien prendre la peine de descendre dans la chambre du conseil ?

Gaston se leva. Il entendit comme un bourdonnement dans ses oreilles. Pour le condamné à mort, toute injonction qu'il ne comprend pas lui paraît un acheminement vers le supplice.

— Puis-je savoir pourquoi l'on me fait descendre? Monsieur, demanda Gaston d'une voix d'ailleurs assez calme pour qu'il fût impossible d'y reconnaître son émotion intérieure.

— Mais pour y recevoir une visite, répondit le gouverneur. Hier, après l'interrogatoire, n'avez-vous pas demandé à M. le lieutenant de police la faveur de voir quelqu'un ?

Gaston tressaillit.

— Et c'est cette personne ? demanda-t-il.

— Oui, Monsieur.

Gaston ouvrait la bouche pour continuer l'interrogatoire, car il venait de se rappeler que ce n'était pas une, mais deux personnes qu'il attendait. Or, on lui en annonçait une seule : laquelle des deux était venue ? Il n'eut point le courage de le demander, et suivit silencieusement le gouverneur.

Le gouverneur conduisit Gaston dans la salle du conseil. En y entrant, Gaston jeta de tous côtés un regard avide, mais la salle était entièrement déserte, et les officiers qui assistent d'ordinaire à ces sortes d'entrevues étaient eux-mêmes absens.

— Restez ici, Monsieur, dit le gouverneur à Gaston; la personne que vous attendez va venir.

M. Delaunay salua Gaston, et sortit.

Gaston courut à la fenêtre, qui était grillée d'ailleurs comme toutes les fenêtres de la Bastille. Devant la fenêtre il y avait une sentinelle.

Comme il était penché pour regarder dans la cour, la porte s'ouvrit. Au bruit qu'elle fit en s'ouvrant, Gaston se retourna et se trouva en face du duc d'Olivarès.

Ce n'était pas tout ce qu'il attendait; et cependant c'était déjà beaucoup; car, si on lui avait tenu parole pour le duc, il n'y avait aucun motif à ce qu'on lui manquât de parole pour Hélène.

— Oh! Monseigneur, s'écria Gaston, que vous êtes bon de vous rendre à la prière d'un pauvre prisonnier!

— C'était un devoir pour moi, Monsieur, répondit le duc. Puis, d'ailleurs, j'avais à vous remercier.

— Moi! dit Gaston, étonné; et qu'ai-je donc fait qui mérite les remercîments de Votre Excellence?

— Vous avez été interrogé, vous avez été conduit à la salle de la torture, on vous a fait comprendre qu'on vous ferait grâce si vous nommiez vos complices, et cependant vous avez gardé le silence.

— C'était un engagement pris, et je l'ai tenu, voilà tout : cela ne vaut pas un remercîment, Monseigneur.

—Et maintenant, Monsieur, dites-moi, reprit le duc, si je puis vous être bon à quelque chose.

— Avant tout, rassurez-moi sur vous-même, Monseigneur. N'avez-vous point été inquiété?

— Aucunement.

— Tant mieux.

— Et si les conjurés de Bretagne sont aussi discrets que vous, je ne doute pas que mon nom ne soit pas même prononcé dans ces malheureux débats.

— Oh! je réponds d'eux, Monseigneur, comme de moi-même. Mais vous, répondez-vous de La Jonquière ?

— De La Jonquière, dit le duc, embarrassé.

— Oui, ne savez-vous pas que lui aussi est arrêté ?

— Si fait, j'ai entendu dire quelque chose comme cela.

— Eh bien, Monseigneur, je vous demande ce que vous en pensez ?

— Je ne puis rien vous dire là-dessus, Monsieur, sinon qu'il a toute ma confiance.

— S'il a votre confiance, c'est qu'il en est digne, voilà tout ce que je voulais savoir, Monseigneur.

— Alors, Monsieur, revenez à cette demande que vous alliez me faire.

— Votre Excellence a vu cette jeune fille que j'ai conduite chez elle.

— Mademoiselle Hélène de Chaverny ; oui, Monsieur, je l'ai vue.

— Eh bien, Monseigneur, ce que je n'ai pas eu le temps de vous dire alors, je vais vous le dire à cette heure : cette jeune fille, je l'aime depuis un an ! Le rêve de cette année avait été de consacrer ma vie à son bonheur... je dis le rêve, Monseigneur; car lorsque j'étais éveillé, je savais bien que tout espoir de bonheur m'était défendu; et cependant, pour donner un nom, une position, une fortune à cette jeune fille, au moment où j'ai été arrêté, elle allait devenir ma femme.

— Sans l'aveu de ses parents, sans le consentement de sa famille? dit le duc.

— Elle n'avait ni famille, ni parents, Monseigneur; et selon toute probabilité, elle allait être vendue à quelque grand seigneur, lorsqu'elle a cru devoir quitter la personne qu'on avait placée près d'elle.

— Mais qui a pu vous faire croire que

mademoiselle Hélène de Chaverny allait être victime d'un honteux marché?

— Ce qu'elle m'a raconté elle-même d'un prétendu père qui se cachait, de diamants qu'on lui avait offerts. Puis, savez-vous où je l'ai retrouvée, Monseigneur? dans une de ces maisons infâmes destinées aux plaisirs de nos roués?... Elle! un ange de candeur et de pureté! Bref, Monseigneur, cette jeune fille s'est enfuie avec moi, malgré les cris de sa gouvernante, en plein jour, à la face des laquais qu'on avait placés autour d'elle; elle est restée deux heures seule avec moi, et quoiqu'elle soit pure encore comme au jour où elle reçut le premier baiser de sa mère, elle n'en est pas moins compromise à cette heure. —

Eh bien ! Monseigneur, je voudrais que le mariage projeté s'accomplît.

— Dans la situation où vous êtes, Monsieur? demanda le duc.

— Raison de plus, Monseigneur.

— Mais peut-être vous faites-vous illusion sur la peine qui vous est réservée.

— C'est probablement la même qui en circonstance pareille a frappé le comte de Chalais, le marquis de Cinq-Mars et le chevalier Louis de Rohan.

— Ainsi vous êtes préparé à tout, Monsieur, même à la mort.

— Je m'y étais préparé; Monseigneur, du jour où je suis entré dans le complot :

la seule excuse du conspirateur, c'est qu'en enlevant la vie aux autres, il met la sienne au jeu.

— Et cette jeune fille, que gagnera-t-elle à ce mariage ?

— Monseigneur, sans être riche, j'ai quelque fortune ; elle est pauvre, j'ai un nom et elle n'en a pas, je voudrais lui laisser mon nom et ma fortune, et à cet effet, j'ai déjà fait demander au roi que mes biens ne fussent pas confisqués, que mon nom ne fût pas déclaré infâme ; quand on saura pour quelle cause je fais ces deux demandes sans doute on me les accordera. Si je meurs sans qu'elle soit ma femme, on la croira ma maîtresse, et elle est déshonorée, perdue ! et il n'y a plus d'avenir pour elle ; si au contraire par votre protection ou par celle de vos amis, et cette protection je l'implore à mains jointes, nous sommes unis, nul n'a rien à lui reprocher : le sang qui coule sur un échafaud politique ne tache point la famille, aucune honte ne rejaillira sur ma veuve, et si elle ne vit pas heureuse, elle vivra du moins indépendante et honorée. Voici la grâce que j'avais à vous demander, Monseigneur ; est-il en votre pouvoir de me l'obtenir.

Le duc s'avança vers la porte par laquelle il était entré, et frappa trois coups : la porte s'ouvrit, et le lieutenant Maison-Rouge parut.

— Monsieur le lieutenant, dit le duc, veuillez demander de ma part à M. Delaunay si la jeune fille qui est à la porte et qui attend dans mon carrosse peut pénétrer jusqu'ici? Il sait que, comme la mienne, sa visite est autorisée. Vous aurez la bonté de la mener ici, n'est-ce pas?

— Comment! Monseigneur, Hélène est là à la porte?

— Ne vous avait-on pas promis qu'elle viendrait?

— Oh si! mais en vous voyant seul, j'avais perdu tout espoir.

— J'avais voulu vous voir d'abord, présumant que vous auriez mille choses à me dire qu'elle ne devait pas entendre; car je sais tout, Monsieur.

— Vous savez tout! que voulez-vous dire?

— Je sais qu'hier vous avez été appelé à l'Arsenal.

— Monseigneur !

— Je sais que vous y avez trouvé d'Argenson ; je sais qu'il vous a lu votre arrêt.

— Grand Dieu !

— Je sais que vous êtes condamné à mort enfin, et que l'on a exigé votre parole que vous ne le diriez à personne.

— Oh ! Monseigneur, silence ! silence ! un mot de cela, et vous tuez Hélène !

— Soyez tranquille, Monsieur. Mais, voyons, n'y a-t-il donc aucun moyen d'échapper à cette mort !

— Il faudrait des jours pour préparer et

exécuter un plan d'évasion, et Votre Excellence le sait, à peine si j'ai des heures.

—Aussi je ne vous parle point de cela. Je vous demande si vous n'avez aucune excuse à donner à votre crime?

— A mon crime ! reprit Gaston, étonné qu'un complice se servît de cette expression.

— Eh ! mon Dieu oui, reprit le duc, se reprenant, vous savez que c'est ainsi que les hommes appellent le meurtre d'un homme ; seulement la postérité juge, et de ce crime fait quelquefois une grande action.

— Je n'ai aucune excuse à donner, Monseigneur, si ce n'est que je crois la mort du régent nécessaire au bonheur de la France.

— Oui, reprit en souriant le duc ; mais vous comprenez bien que ce n'est point là une excuse à donner à Philippe d'Orléans. j'aurais voulu quelque chose de personnel. Tout ennemi politique que je sois du régent, je dois dire qu'il ne passe point pour un méchant homme. On le dit miséricordieux, et nulle exécution capitale n'a été faite sous son règne.

— Vous oubliez le comte de Horn, roué en Grève.

— C'était un assassin.

— Mais que suis-je donc, moi, si ce n'est un assassin comme le comte de Horn ?

— Avec cette différence, que le comte de Horn assassinait pour voler, lui.

— Je ne peux et ne veux rien demander au régent, dit Gaston.

— Non pas vous personnellement, Monsieur; je le sais; mais vos amis, si vos amis avaient une excuse plausible à faire valoir. Peut-être le prince irait-il lui-même au-devant de vos désirs; peut-être ferait-il grâce.

— Je n'en ai aucune, Monseigneur.

— C'est impossible, Mon sieur, permettez-moi de vous le dire. Une résolution comme celle que vous avez prise ne naît pas dans le cœur d'un homme sans un motif quelconque, sans un sentiment de haine, sans un besoin de vengeance. Et tenez, je me le rappelle, vous l'avez dit au capitaine La Jonquière, qui me l'a redit, vous avez hérité d'une haine de famille; voyons, dites-moi quelle était la cause de cette haine.

— Inutile, Monseigneur, de vous fatiguer de tout cela. L'événement qui a donné lieu à cette haine n'aurait aucun intérêt pour Votre Excellence.

— N'importe, dites toujours.

— Eh bien! le régent a tué mon frère.

— Le régent a tué votre frère!... Que dites-vous?... Impossible.... monsieur Gaston, s'écria le duc d'Olivarès.

— Oui, tué, si de l'effet on remonte à la cause.

— Expliquez-vous, parlez. Comment le régent a-t-il pu?..

— Mon frère, qui était plus âgé que moi de quinze ans et qui a remplacé près de moi mon père, mort trois mois avant ma naissance, ma mère, morte pendant que j'étais au berceau; mon frère était amoureux d'une jeune fille qui, par les ordres du prince, était élevée dans un couvent.

— Dans quel couvent! le savez-vous?

— Non; je sais seulement que c'était à Paris.

Le duc murmura quelques mots que Gaston n'écouta point ou ne put entendre.

— Mon frère, parent de l'abbesse de ce couvent, avait eu l'occasion de voir cette jeune fille; il en était devenu amoureux; il l'avait demandée en mariage. On avait sollicité du prince son agrément à cette union, et il avait fait semblant d'y consentir : lorsque cette jeune fille, séduite par son prétendu protecteur, disparut tout à coup. Pendant trois mois mon frère espéra la retrouver, mais toutes ses recherches furent inutiles ; il n'en eut aucune nouvelle, et de désespoir il se fit tuer à la bataille de Ramillies.

— Et comment s'appelait cette jeune fille qu'aimait votre frère ? demanda vivement le duc.

— Personne ne l'a jamais su, Monseigneur ; dire son nom, c'était la déshonorer.

— Plus de doute, c'était elle, murmura le duc, c'était la mère d'Hélène. Et votre frère se nommait ?.... ajouta-t-il tout haut.

— Olivier de Chanlay, Monseigneur.

— Olivier de Chanlay,,. répéta tout bas le duc... Je savais bien que ce nom de Chanlay ne m'était pas étranger.

Puis tout haut :

— Continuez, Monsieur, dit-il, je vous écoute.

— Vous ne savez pas ce que c'est qu'une haine d'enfance, Monseigneur, et dans un pays comme le nôtre surtout. J'aimais mon frère de tout l'amour que j'aurais eu pour nos parents. Un jour, je me trouvai seul au monde. Je grandis dans l'isolement du cœur et dans l'espoir de la vengeance. Je grandis au milieu de gens qui me répétaient : « C'est le duc d'Orléans qui a tué ton frère. » Puis, un jour, ce duc d'Orléans devint régent de France. Vers le même temps la ligue bretonne s'organisa. J'y entrai un des premiers. Vous savez le reste, Monseigneur; vous voyez qu'il n'y a rien dans tout cela qui soit bien intéressant pour Votre Excellence.

— Si fait, Monsieur, et vous vous trompez sur ce point, reprit le duc, malheureusement, Monsieur, le régent a bien des fautes de ce genre à se reprocher.

— Vous comprenez donc, continua Gaston, qu'il faut que ma destinée s'accomplisse et que je ne puis rien demander à cet homme.

— Oui, Monsieur, vous avez raison, dit

le duc, il faut que les choses se fassent toutes seules, si elles se font.

En ce moment la porte s'ouvrit, et le lieutenant Maison-Rouge reparut.

— Eh bien, Monsieur ? demanda le duc.

— Monsieur le gouverneur avait effectivement reçu de Monsieur le lieutenant de police l'ordre de laisser communiquer le prisonnier avec mademoiselle Hélène de Chaverny. Faut-il que je la fasse monter ?

— Monseigneur, dit Gaston, en regardant le duc d'un air suppliant.

— Oui, Monsieur, répondit celui-ci, je comprends; la douleur et l'amour ont leur pudeur qui ne veut pas de témoins.

Je viendrai reprendre mademoiselle Hélène.

— La permission est pour une demi-heure seulement, dit Maison-Rouge.

— Je vous laisse, dit le duc, je viendrai la reprendre dans une demi-heure.

Et il sortit après avoir salué Gaston.

Maison-Rouge fit alors sa ronde autour de la chambre, examina chaque porte, s'assura que les sentinelles étaient bien devant les fenêtres, et sortit à son tour.

Un instant après la porte se rouvrit, et Hélène apparut pâle, tremblante et balbutiant des remercîments et des questions au lieutenant de la Bastille, qui la salua fort courtoisement et se retira sans lui répondre.

Ce fut alors seulement qu'en regardant autour d'elle, Hélène aperçut Gaston. Comme on avait fait pour le duc et contrairement à l'usage toujours suivi, on avait laissé les jeunes gens seuls.

Gaston courut à Hélène, Hélène à Gaston, et, sans autre idée que leurs souffrances passées, et que l'avenir si sombre, ils s'étreignirent avec ardeur.

— Enfin ! s'écria la jeune fille le visage inondé de larmes.

— Oui, enfin ! répéta Gaston.

— Hélas ! vous revoir ici dans cette prison, murmura Hélène en regardant avec terreur autour d'elle, ne pas pouvoir vous parler librement, être surveillés, écoutés peut-être.

— Ne nous plaignons pas, Hélène, car il y a une exception en notre faveur. Jamais un prisonnier n'a pu serrer contre son cœur une amie, une parente. Ordinairement, voyez-vous, Hélène, le visiteur est là-bas contre ce mur, le prisonnier à l'autre extrémité; un soldat se tient au milieu de la chambre, et le sujet de la conversation est fixé d'avance.

— A qui devons nous cette faveur?

— Il faut bien que je le dise, Hélène, au régent, sans doute; car lorsque hier j'ai demandé à M. d'Argenson la permission de vous voir; il a dit que cela dépassait ses pouvoirs, et qu'il lui fallait en référer au régent.

— Mais vous, Gaston, maintenant que je vous trouve, vous allez me raconter en détail ce qui s'est passé depuis un siècle de larmes et de souffrances. Ah! dites-moi, mes pressentiments ne me trompaient donc point! Vous conspiriez! Oh! ne niez pas : je le savais.

— Eh bien! oui, Hélène : vous le savez, nous autres Bretons, nous sommes constants dans nos haines comme dans nos amours; une ligue s'est organisée en Bretagne, toute la noblesse y a pris part. Devais-je faire autrement que ne faisaient mes frères. Je vous le demande, Hélène, le devais-je, le pouvais-je; ne m'eussiez-vous pas méprisé quand vous auriez vu toute la Bretagne en armes, et moi seul oisif, une cravache à la main, tandis que les autres y tenaient une épée.

— Oh! non, non, vous avez raison, Gaston. Mais pourquoi n'êtes-vous pas resté avec les autres en Bretagne.

— Les autres sont arrêtés comme moi, Hélène.

— Vous avez donc été dénoncés, trahis.

— Probablement. Mais asseyez-vous là, Hélène, laissez-moi vous regarder maintenant que nous sommes seuls, laissez-moi vous dire que vous êtes belle, laissez-moi vous dire que je vous aime. Et vous, vous Hélène! comment vous êtes-vous trouvée en mon absence... le duc...

— Oh! si vous saviez, Gaston, comme il a été bon pour moi. Chaque soir il m'est venu voir; et que de soins! que de prévenances!

— Et, dit Gaston, que le mot jeté au hasard par le faux La Jonquière mordait au cœur en ce moment, — et, dans ses soins, dans ses prévenances, rien de suspect?

— Que voulez-vous dire, Gaston? demanda Hélène.

— Que le duc est encore jeune, et que, comme je vous le disais tout-à-l'heure, vous êtes bien belle.

— Oh! grand Dieu! oh! non, non, Gaston; cette fois, il n'y a pas à s'y tromper; et quand il était là, près de moi, aussi près que vous êtes vous-même en ce moment, eh bien, il y avait des instants, Gaston, où je croyais avoir retrouvé mon père.

— Pauvre enfant!

— Oui, par un hasard étrange, et dont je ne puis me rendre compte, il y a dans la voix du duc et dans celle de cet homme qui est venu me voir à Rambouillet, une ressemblance qui tout d'abord m'a frappée.

—Vous croyez? dit Gaston, distrait.

— Mais à quoi pensez-vous? mon Dieu! dit Hélène; il me semble que vous n'écoutez pas ce que je vous dis.

— Moi, Hélène, moi, quand chacune de vos paroles retentit au plus profond de mon cœur.

— Non, vous êtes inquiet. Oh! Gaston, je comprends cela. Conspirer, c'est jouer sa vie. Mais, soyez tranquille, Gaston, je l'ai dit au duc; si vous mourez, je mourrai.

Gaston tressaillit.

— Ange que vous êtes, dit-il.

— Oh! mon Dieu! continua Hélène, comprenez-vous un supplice pareil? Sentir que l'homme qu'on aime court un danger d'autant plus terrible qu'il est inconnu, sentir qu'on ne peut rien pour lui, rien au monde que verser des larmes inutiles, et cela quand on donnerait sa vie pour racheter la sienne.

Le visage de Gaston s'illumina d'un rayon de bonheur; c'était la première fois qu'il entendait de si douces paroles sortir de la bouche de sa bien-aimée, et sous l'impression d'une pensée qu'il paraissait mûrir depuis quelques instants :

— Si fait, mon Hélène, dit-il en lui prenant les mains. Si fait, tu te trompes, car tu peux beaucoup pour moi.

—Et que puis-je donc? mon Dieu!

— Tu peux consentir à devenir ma femme, dit Gaston en regardant Hélène fixement.

Hélène tressaillit.

— Moi, votre femme ? dit-elle.

— Oui, Hélène, ce projet arrêté pendant que nous étions libres, tu peux le réaliser pendant ma captivité. — Hélène, ma femme, ma femme devant Dieu et devant les hommes. — Ma femme dans ce monde et dans l'autre, dans les temps et l'éternité. — Voilà ce que d'un mot tu peux devenir pour moi, Hélène, crois-tu donc que ce ne soit rien !

— Gaston, dit Hélène, en regardant fixement le jeune homme, vous me cachez quelque chose.

Ce fut Gaston qui tressaillit à son tour.

— Moi ! dit-il, et que voulez-vous que je vous cache ?

— Vous m'avez dit vous-même que vous aviez vu M. d'Argenson hier.

— Oui; eh bien !

— Eh bien ! Gaston, dit en pâlissant Hélène, vous êtes condamné.

Gaston prit une résolution soudaine.

— Eh bien ! oui, dit-il, je suis condamné à la déportation, et je voulais, égoïste que je suis, vous attacher à moi par des liens indissolubles avant de quitter la France.

— Gaston, dit Hélène, est-ce bien vrai ce que vous me dites?

— Oui. Aurez-vous bien le courage de devenir la femme d'un proscrit, Hélène? de vous condamner à l'exil !

— Tu le demandes! Gaston, s'écria Hélène les yeux rayonnant d'enthousiasme. L'exil!.. Oh! merci, mon Dieu! Moi qui eusse accepté avec toi une prison éternelle et qui me serais encore regardée comme trop heureuse. Oh! je vais donc t'accompagner, je vais donc te suivre. Cette condamnation, mais songes-y, c'est un bonheur immense, auprès de celle que nous redoutions. Moins la France, le monde tout entier est à nous. Oh! Gaston... Gaston, nous pouvons encore être heureux.

— Oui, Hélène, oui, murmura Gaston avec effort.

— Mais sans doute! reprit Hélène; mais juge donc quel sera mon bonheur! La France, pour moi, c'est le pays où tu seras!

Ma patrie, c'est ton amour. J'aurai, je le sais bien, à te faire oublier la Bretagne, tes amis, tes rêves d'avenir ; mais je t'aimerai tant, vois-tu, que je te ferai oublier tout cela.

Gaston ne put que prendre les mains d'Hélène et les couvrir de baisers.

— Le lieu de ton exil est-il fixé? reprit Hélène, te l'a-t-on dit? Quand pars-tu? nous partirons ensemble, n'est-ce pas? mais réponds-donc.

— Mon Hélène, répondit Gaston, c'est impossible, on nous sépare, momentanément du moins. Je dois être conduit à la frontière de France, je ne sais encore à laquelle ; une fois hors du royaume, je suis libre, et alors tu viens me rejoindre.

— Oh! mieux que cela, Gaston, s'écria Hélène, mieux que cela : par le duc, je sais d'avance dans quel pays ils veulent t'exiler, et au lieu d'aller te rejoindre, je vais t'y attendre. En descendant de voiture tu me trouveras là pour adoucir tes adieux à la France, puis il n'y a que la mort qui soit sans retour : plus tard le roi te fera grâce ; plus tard, peut-être même, l'action dont aujourd'hui l'on te punit sera une action qui méritera sa récompense. Alors, nous reviendrons ; alors, rien ne nous empêchera plus de retourner en Bretagne, ce berceau de notre amour, ce paradis de nos souvenirs. Oh! reprit Hélène, avec un accent d'amour mêlé d'impatience, dis-moi donc que tu partages mon espoir, dis-moi donc que tu es content, dis-moi donc que tu es heureux.

— Oh! oui, oui, Hélène, s'écria Gaston. Oui, je suis heureux; car c'est à cette heure seulement que je sais quel ange m'a aimé. Oh! oui, Hélène! je te le dis, une heure d'un amour pareil au tien et puis mourir, cela vaudrait mieux qu'une longue vie sans être aimé.

— Eh bien! voyons, continua Hélène, rattachant toute son âme au nouvel avenir qui se présentait à elle; maintenant que vont-ils faire? me laisseront-ils revenir ici avant ton départ? Quand et comment nous reverrons-nous? Pourras-tu recevoir mes lettres? Te permettront-ils de me répondre? Demain matin, à quelle heure pourrai-je me présenter à ta prison?

— On m'a presque promis que notre mariage aurait lieu ce soir ou demain.

— Ici! dans une prison! dit Hélène en frissonnant malgré elle.

— Quelque part qu'il ait lieu, Hélène, ne me liera-t-il pas à toi pour le reste de ma vie?

— Mais, dit Hélène, si l'on te manquait de parole? si l'on te faisait partir avant que je te revisse?

— Hélas! dit Gaston, avec un serrement de cœur terrible, cela est encore possible, ma pauvre Hélène, et voilà ce que je crains.

— Oh mon Dieu! Crois-tu donc ton départ si proche?

— Tu sais, Hélène, répondit Gaston, les prisonniers ne s'appartiennent pas, d'un moment à l'autre on peut les venir prendre, les enlever!

— Oh! qu'ils viennent, qu'ils viennent, s'écria Hélène, plutôt tu seras libre, plutôt nous serons réunis. Je n'ai pas besoin d'être ta femme pour te suivre, pour aller te joindre. Je connais la loyauté de mon Gaston, et de ce jour je te regarde comme mon époux devant Dieu. Oh! pars bien vite, au contraire, Gaston, car tant qu'ils te tiendront sous ces murs épais et lourds, je craindrai pour ta vie; pars, et dans huit jours nous serons réunis, sans absence qui nous menace, sans témoins qui nous épient, réunis pour toujours.

En ce moment on ouvrit la porte.

— Oh! mon Dieu! déjà, s'écria Hélène.

— Mademoiselle, dit le lieutenant, le temps accordé pour votre visite est écoulé et au-delà.

— Hélène! dit Gaston en se cramponnant aux mains de la jeune fille avec un frissonnement nerveux dont il n'était pas le maître.

— Eh bien! quoi, mon ami? reprit Hélène en le regardant avec terreur; qu'avez-vous? vous pâlissez?

— Moi!... non, non, rien, reprit Gaston,

redevenant maître de lui-même à force de volonté, — rien...

Et il baisa les mains d'Hélène en souriant.

— A demain, dit Hélène.

— Oui, à demain.

En ce moment, le duc parut à son tour sur le seuil de la porte. Le chevalier courut à lui.

— Monseigneur, lui dit Gaston en lui saisissant les mains, Monseigneur, faites tout ce que vous pourrez pour obtenir qu'elle soit ma femme. Mais si vous ne l'obtenez pas, jurez-moi qu'au moins elle sera votre fille.

Le duc serra les mains de Gaston; il

était tellement ému qu'il ne pouvait répondre.

Hélène s'approcha; le chevalier se tut, craignant qu'elle n'entendît.

Il tendit une main à Hélène, qui lui tendit son front; de grosses larmes silencieuses coulaient sur les joues de la jeune fille. Gaston fermait les yeux pour ne pas pleurer en la voyant pleurer.

Enfin il fallut se quitter. Gaston et Hélène échangèrent un long et dernier regard.

Le duc tendit la main à Gaston.

C'était une chose étrange que cette sympathie entre deux hommes dont l'un était venu de si loin pour tuer l'autre.

La porte se referma, et Gaston tomba sur un fauteuil. Toutes les forces du malheureux jeune homme étaient épuisées.

Au bout de dix minutes, le gouverneur rentra. Il venait chercher Gaston pour le ramener dans sa chambre.

Gaston le suivit morne et silencieux, et lorsque le gouverneur lui demanda s'il ne désirait rien, s'il n'avait besoin de rien, il secoua seulement la tête.

La nuit venue, mademoiselle de Launay fit le signal qui annonçait qu'elle avait quelque chose à communiquer à son voisin.

Gaston ouvrit la fenêtre, et tira à lui une lettre qui en renfermait une autre.

Il se procura de la lumière par ses moyens ordinaires. La première lettre était à son adresse.

« Cher voisin, lut-il.

« Le couvre-pieds n'était pas si méprisable que je le croyais; il contenait un petit papier sur lequel était écrit le mot que m'avait déjà dit Herment : Espérez.

« De plus il renfermait cette lettre pour monsieur de Richelieu. Faites-la passer à Dumesnil, qui la fera passer au duc.

« Votre servante,

De Launay. »

— Hélas! dit Gaston avec un triste sourire, quand je ne serai plus là, je leur manquerai bien !

Et il appela Dumesnil, auquel il fit passer la lettre.

## IV

**Les affaires d'État et les affaires de famille.**

En quittant la Bastille, le duc avait ramené Hélène chez elle en lui promettant de venir la voir, comme d'habitude, de huit à dix heures du soir, promesse dont Hélène lui eût eu une reconnaissance plus grande encore, si elle eût su que le même soir Son Altesse avait grand bal masqué à Monceaux.

En rentrant au Palais-Royal, le duc demanda Dubois, on lui répondit qu'il était dans son cabinet et travaillait.

Le duc monta lestement les escaliers selon sa coutume, et entra dans l'appartement sans vouloir qu'on l'annonçât.

En effet, Dubois assis devant une table, travaillait avec une telle ardeur qu'il n'entendit même pas le duc, qui, après avoir ouvert et refermé la porte, s'avança sur la pointe du pied et regarda par-dessus son épaule à quelle sorte de travail il se livrait avec tant d'acharnement.

Il écrivait sur une espèce de tableau des

noms avec des accolades, avec une instruction détaillée en face de chaque nom.

— Que diable fais-tu donc là, l'Abbé ? dit le régent.

— Ah ! c'est vous, Mouseigneur, pardon. Je ne vous avais pas entendu venir... sans quoi.

— Je ne te demaude pas cela, dit le régent, je te demande ce que tu fais là ?

— Je signe les billets d'enterrement de nos amis de Bretagne.

— Mais rien n'est décidé encore sur leur sort, tu vas comme un fou, et la sentence de la commission...

— Je la connais, dit Dubois.

— Elle est donc rendue?

— Non, mais je l'ai dictée avant son départ.

— Savez-vous que c'est odieux, l'Abbé, ce que vous faites là !

— En vérité, Monseigneur, vous êtes insupportable. Mêlez-vous de vos affaires de famille, et laissez moi mes affaires d'Etat.

— Mes affaires de famille !

— Ah ! pour celles-là, je l'espère, je suis de bonne composition, ou, pardieu ! vous êtes bien difficile. Vous me recommandez M. Gaston de Chanlay, et sur votre recommandation, je lui fais une Bastille à l'eau rose : des repas succulents, des messes charmantes, un gouverneur adorable ; je lui laisse percer des trous dans vos planchers et dégrader vos murs, qui nous coûtent très cher à réparer. Depuis son entrée, tout le monde est en fête : Dumesnil bavarde toute la journée par sa cheminée, mademoiselle de Launay pêche à la ligne par sa fenêtre, Pompadour boit du vin de champagne. Il n'y a pas jusqu'à Laval qui ne prenne des lavements à tout rompre, trois par jour. Il n'y a rien à dire à cela, ce sont vos affaires de famille ; mais là-bas en Bretagne ; ah ! vous n'avez rien à y voir, Monseigneur, et je vous défends d'y regarder, à moins toutefois que vous n'ayez encore semé par là un quart de douzaine de filles inconnues, ce qui est bien possible.

— Dubois, faquin !

— Ah ! vous croyez avoir tout dit quand vous m'avez appelé Dubois, et que vous avez ajouté l'épithète de faquin à mon nom, eh bien ! faquin, tant qu'il vous plaira. Mais, en attendant, sans le faquin vous étiez assassiné.

— Eh bien ! après.

— Après. Ah ! l'homme d'État, Eh bien ! après j'étais pendu, moi peut-être; voilà d'abord une considération ; ensuite, madame de Maintenon était régente de France. Quelle facétie ! Après..... Et dire que c'est un prince philosophe qui hasarde de pareilles naïvetés. O Marc-Aurèle ! N'est-ce pas lui qui a dit cette absurdité, Monseigneur ? *Populos esse demum felices, si reges philosophi forent, aut philosophi reges.* En voilà un échantillon.

Et ce disant, Dubois écrivait toujours.

— Dubois, dit le régent, tu ne connais pas ce garçon !

— Quel garçon ?

— Le chevalier.

— Vraiment. Vous me le présenterez quand il sera votre gendre.

— Alors ce sera demain, Dubois.

L'Abbé se retourna stupéfait, les deux mains appuyées au bras de son fauteuil, et regardant le régent de ses petits yeux aussi écarquillés que le permettaient l'exiguité des paupières.

— Ah! çà, Monseigneur, êtes-vous fou? dit-il.

— Non, mais c'est un honnête homme, et les honnêtes gens sont rares, tu le sais mieux que personne, l'Abbé.

— Honnête homme, ah! Monseigneur, permettez-moi de vous dire que vous entendez singulièrement l'honnêteté.

— Oui, dans tous les cas je ne crois pas que toi et moi l'entendions de la même manière.

— Et qu'a-t-il fait de plus, l'honnête homme? a-t-il empoisonné le poignard avec lequel il devait vous frapper; en ce cas, il n'y aurait rien à dire. Ce serait plus qu'un honnête homme, ce serait un saint. Nous avons déjà saint Jacques Clément, saint Ravaillac, saint Gaston manque à notre calendrier. Vite, vite, Monseigneur, vous qui ne voulez pas demander au pape le cardinalat pour votre ministre, demandez-lui la canonisation pour votre assassin, et pour la première fois de votre vie vous serez logique.

— Dubois, je te dis qu'il y a peu d'hommes capables de faire ce qu'a fait ce jeune homme.

— Peste! heureusement. S'il y en avait seulement dix en France, je vous déclare,

Monseigneur, que je donnerais ma démission.

— Je ne parle pas de ce qu'il a voulu faire, dit le régent; je parle de ce qu'il a fait.

— Eh bien, qu'a-t-il fait? Voyons, j'écoute. Je ne demande pas mieux que d'être édifié, moi.

— D'abord, il a tenu le serment qu'il a fait à d'Argenson.

— Oh! cela, je n'en doute pas; c'est un garçon fidèle à sa parole, et sans moi, il tenait aussi celui qu'il avait fait à MM. de Pontcalec, Mont-Louis, Talhouet, etc., etc.

— Oui, mais l'un était plus difficile que

l'autre ; il avait juré de ne pas parler de sa condamnation à personne, et il n'en a pas parlé à sa maîtresse.

— Ni à vous ?

— A moi, il m'en a parlé, parce que je lui ai dit qu'il était inutile de nier et que je la connaissais. Alors il m'a défendu de rien demander pour lui au régent, ne désirant obtenir, m'a-t-il dit, qu'une seule grâce.

— Laquelle, voyons ?

— Celle d'épouser Hélène, afin de lui laisser une fortune et un nom.

— Bon, il veut laisser une fortune et un

nom à votre fille. Eh bien! mais il est poli votre gendre.

— Oublies-tu que tout cela est un secret pour lui.

— Qui sait?

— Dubois, j'ignore dans quoi on t'a trempé les mains le jour où tu es venu au monde; mais ce que je sais, c'est que tu salis tout ce que tu touches.

— Excepté les conspirateurs, Monseigneur; car il me semble qu'en pareille circonstance, au contraire, je nettoie assez bien. Voyez les Cellamare! Heim comme cela a été lavé. Dubois par-ci, Dubois par-là. J'espère que l'apothicaire a joliment purgé la France de l'Espagne. Eh bien, il en sera de même de nos Olivarès qu'il en a été de nos Cellamare. Il n'y a plus que la Bretagne d'engorgée. Une bonne médecine à la Bretagne, et tout sera fini.

— Dubois, tu plaisanterais avec l'Évangile?

— Pardieu! j'ai commencé par là.

Le régent se leva.

— Allons, allons, Monseigneur, dit Dubois, j'ai tort, j'oubliais que vous êtes à jeun. Voyons la fin de l'histoire.

— Eh bien! la fin de l'histoire est que j'ai promis de demander cette autorisation au régent, et que le régent l'accordera.

— Le régent fera une sottise.

— Non, Monsieur, il réparera une faute.

— Allons, bien, il ne nous manquait plus que de découvrir que vous deviez une réparation à M. de Chanlay.

— Pas à lui, mais à son frère.

— Encore mieux; mais ce gaillard-là, c'est l'agneau de La Fontaine, et que lui avez-vous fait à ce frère?

— Je lui ai enlevé une femme qu'il aimait.

— Laquelle?

— La mère d'Hélène.

— Eh bien! pour cette fois, vous avez

eu tort, car, si vous la lui aviez laissée, nous n'aurions pas aujourd'hui toute cette mauvaise affaire sur les bras.

— Nous l'avons, il faut nous en tirer du mieux possible.

— C'est à quoi je travaille... Et à quand le mariage, Monseigneur ?

— A demain.

— Dans la chapelle du Palais-Royal ? Vous serez là en costume de chevalier de l'ordre; vous étendrez les deux mains sur la tête de votre gendre, une de plus qu'il n'en voulait étendre vers vous ; ce sera on ne peut plus touchant.

— Non, cela ne se passera pas tout-à-fait ainsi. Ils se marieront à la Bastille, et je serai dans une chapelle où ils ne pourront me voir.

— Eh bien! Monseigneur, je demande à y être avec vous. C'est une cérémonie que je veux voir. On dit ces sortes de choses fort attendrissantes.

— Non pas, tu me gênerais. Ta laide physionomie dénoncerait mon incognito.

— Votre belle physionomie est plus reconnaissable encore, Monseigneur, dit Dubois en s'inclinant. Il y a des portraits de Henri IV et de Louis XIV à la Bastille.

— C'est bien flatteur.

— Monseigneur se retire?

— Oui, j'ai donné un rendez-vous à Delaunay.

— Le gouverneur de la Bastille?

— Oui.

— Allez, Monseigneur, allez.

— A propos, te verra-t-on cette nuit à Monceaux.

— Peut-être.

— As-tu ton déguisement?

— J'ai mon costume de La Jonquière.

— Chut! il n'est de mise qu'au Muids-d'Amour et à la rue du Bac.

— Monseigneur oublie la Bastille, où il a quelques succès. Sans compter, ajouta

Dubois avec son sourire de singe, ceux qu'il y aura encore.

— C'est bien. Adieu, l'Abbé.

— Adieu, Monseigneur.

Le régent sortit.

Resté seul, Dubois s'agita sur son fauteuil, puis resta pensif, puis se gratta le nez, puis sourit.

C'était signe qu'il prenait une grande résolution.

En conséquence, il allonger la main vers la sonnette et sonna.

Un huissier entra.

— Monsieur Delaunay, le gouverneur

de la Bastille, va venir chez Monseigneur le régent, dit-il; guettez-le à sa sortie, et amenez-le moi.

L'huissier s'inclina et se retira sans répondre.

Dubois se remit à son travail funèbre.

Au bout d'une demi-heure, la porte se rouvrit, et l'huissier annonça M. Delaunay.

Dubois lui remit une note très détaillée.

— Lisez cela, lui dit Dubois. Je vous donne les instructions écrites, afin que vous n'ayez aucun prétexte pour vous en écarter.

Delaunay lut la note avec tous les signes d'une consternation croissante.

— Ah! Monsieur, dit-il, lorsqu'il eut fini, vous voulez donc me perdre de réputation.

— Comment cela?

— Demain, lorsqu'on saura ce qui s'est passé...

— Qui le dira, est-ce vous?

— Non, mais, Monseigneur!..

— Sera enchanté. Je vous réponds de lui.

— Un gouverneur de la Bastille!

— Tenez-vous à garder ce titre?

— Sans doute,

— Faites ce que j'ordonne alors.

— Il est cependant bien dur quand on est surveillant, de fermer les yeux et de se boucher les oreilles.

— Mon cher gouverneur, allez donc faire une visite dans la cheminée de M. Dumesnil, dans le plafond de M. Pompadour, et dans la seringue de M. de Laval.

— Que dites-vous, Monsieur?... Serait-il possible?... Mais vous me parlez là de choses que j'ignore complètement!

— Preuve que je sais mieux que vous ce qui se passe à la Bastille ; et si je vous parlais des choses que vous savez, vous seriez bien plus étonné encore.

— Que pourriez-vous me dire? demanda le pauvre gouverneur, tout interdit.

— Je pourrais vous dire qu'il y a aujourd'hui huit jours un des fonctionnaires de la Bastille, et des plus haut placés même, a reçu de la main à la main cinquante mille livres pour laisser passer deux marchandes à la toilette.

— Monsieur, c'était...

—Je sais qui c'était, ce qu'elles allaient faire et ce qu'elles on fait : c'étaient mesdemoiselles de Valois et de Charolais. Ce qu'elles allaient faire ?... elles allaient voir M. le duc de Richelieu ; ce qu'elles ont fait ? ... elles ont mangé des bonbons jusqu'à minuit, dans la tour du Coin, où elles comptent retourner demain, à telles enseignes qu'aujourd'hui mademoiselle de Charolais en a fait donner avis à M. de Richelieu.

Delaunay pâlit.

—Eh bien, continua Dubois, croyez-vous que si je racontais de ces sortes de choses au régent, qui est très friand de scandale comme vous savez, certain. M. Delaunay serait longtemps gouverneur à la Bastille; mais non, je n'en souffle pas le mot ; je sais qu'il faut s'entr'aider les uns les autres. Je vous aide, monsieur Delaunay, aidez-moi donc.

— A vos ordres, Monsieur, dit le gouverneur.

— Ainsi, c'est dit, je trouverai toutes choses prêtes.

— Je vous le promets, Monsieur; mais pas un mot à Monseigneur.

— Allons donc! Adieu, monsieur Delaunay.

— Adieu, monsieur Dubois.

Et Delaunay se retira à reculons en faisant force révérences.

— Bon, dit Dubois, et maintenant, Monseigneur, à nous deux, et quand demain vous voudrez marier votre fille, il ne vous manquera plus qu'une chose, ce sera votre gendre.

. . . . . . . . . . . . . . . . . . . .

Au moment même où Gaston venait de faire passer à Dumesnil la lettre de mademoiselle de Launay, il entendit des pas dans le corridor, il se hâta d'inviter aussitôt le chevalier à ne plus prononcer une parole, frappa du pied pour prévenir Pompadour de se tenir sur ses gardes, éteignit sa lumière, et jeta son habit sur une chaise, comme s'il commençait à se déshabiller.

En ce moment la porte s'ouvrit, et le gouverneur entra. Comme il n'avait pas l'habitude de visiter les prisonniers à cette heure-là, Gaston jeta un regard rapide et inquiet sur lui, et crut remarquer qu'il était troublé ; de plus, le gouverneur, qui paraissait vouloir rester seul avec Gaston, prit la lampe des mains de celui qui la portait. Le chevalier s'aperçut qu'en la posant sur la table, la main du gouverneur tremblait.

Les porte-clés se retirèrent, mais le prisonnier s'aperçut qu'on avait placé deux soldats à sa porte.

Un frisson lui courut par tout le corps; ces apprêts silencieux avaient quelque chose de funèbre.

— Chevalier, dit le gouverneur, vous êtes un homme, et vous m'avez dit de vous traiter en homme; j'ai appris ce soir que votre arrêt vous avait été lu hier.

— Et vous venez me dire, n'est-ce pas, Monsieur, dit Gaston avec cette fermeté qu'il reprenait toujours en face du danger, vous venez me dire, n'est-ce pas, que l'heure de son exécution est arrivée?

— Non Monsieur, mais je viens vous dire qu'elle s'approche.

— Et quand doit-elle avoir lieu?

— Puis-je vous dire la vérité, chevalier?

— Je vous en serai reconnaissant, Monsieur.

— Demain, au point du jour.

— Et où cela?

— Sur la place de la Bastille.

— Merci, Monsieur, cependant j'avais eu un espoir.

— Lequel?

— C'est qu'avant de mourir, je deviendrais l'époux de la jeune fille que vous avez conduite près de moi, aujourd'hui.

— M. d'Argenson vous avait-il promis cette grâce?

— Non, Monsieur; il s'était engagé seulement à la demander au roi.

— Peut-être le roi aura-t-il refusé?

— N'accorde-t-il donc jamais de pareilles grâces?

— C'est rare, Monsieur; cependant la chose n'est point sans exemple.

— Monsieur, dit Gaston, je suis chrétien. J'espère qu'on ne me refusera point un confesseur.

— Il est déjà ici.

— Puis-je le voir?

— Dans quelques instants. Pour le moment je le crois près de votre complice.

— Mon complice! Et quel complice?

— Le capitaine La Jonquière.

— Le capitaine La Jonquière! s'écria Gaston.

— Il est condamné comme vous, et sera exécuté avec vous.

— Le malheureux! murmura le chevalier. Et moi qui le soupçonnais.

— Chevalier, dit le gouverneur, vous êtes bien jeune pour mourir.

— La mort ne compte pas les années, Monsieur; Dieu lui dit de frapper, et elle obéit.

— Mais lorsqu'on peut écarter le coup qu'elle vous porte, c'est presque un crime de s'offrir à elle comme vous le faites.

— Que voulez-vous dire, Monsieur ! je ne vous comprends pas.

— Je veux dire que M. d'Argenson a dû vous laisser espérer....

—Assez! Monsieur. Je n'ai rien à avouer, et je n'avouerai rien.

En ce moment on frappa à la porte : le gouverneur alla ouvrir.

C'était le major : il échangea quelques mots avec M. Delaunay.

Le gouverneur revint à Gaston, qui debout et la main appuyée au dossier d'une chaise, était pâle, mais paraissait tranquille.

— Monsieur, lui dit-il, le capitaine La Jonquière me fait demander la permission de vous voir encore une dernière fois.

—Et vous la lui refusez, répondit Gaston avec un sourire légèrement ironique.

— Non, Monsieur, je la lui accorde au contraire, dans l'espérance qu'il sera plus raisonnable que vous, et qu'il vous fait demander pour s'entendre avec vous sur les aveux que vous devez faire.

—Si c'est dans ce but qu'il désire me voir, monsieur le gouverneur, faites-lui répondre que je refuse de me rendre chez lui.

— Je vous dis cela, Monsieur, reprit vivement le gouverneur; mais je n'en sais rien; peut-être sa demande n'a-t-elle d'autre but que de se retrouver avec un compagnon d'infortune.

— En ce cas, Monsieur, je consens.

— Je vais avoir l'honneur de vous conduire moi-même, dit le gouverneur en s'inclinant.

— Je suis prêt à vous suivre, Monsieur, répondit Gaston.

M. Delaunay marcha le premier. Gaston vint derrière, et les deux soldats qui étaient à la porte vinrent derrière Gaston.

On traversa les mêmes corridors et les mêmes cours que la première fois ; enfin on s'arrêta devant la tour du Trésor.

M. Delaunay plaça les deux sentinelles

devant la porte, puis il monta douze marches toujours suivi de Gaston. Un porte-clés qu'il rencontra sur l'escalier les introduisit tous deux chez La Jonquière.

Le capitaine avait son même habit en lambeaux et était couché comme la première fois sur son lit.

En entendant ouvrir sa porte, il se retourna, et comme M. Delaunay marchait le premier, sans doute il ne vit que lui et reprit sa première position.

— Je croyais M. l'aumônier de la Bastille près de vous, capitaine? dit M. Delaunay.

— Il y était en effet, Monsieur, mais je l'ai renvoyé.

— Et pourquoi cela ?

— Parce que je n'aime pas les jésuites.
— Est-ce que vous croyez, morbleu ! que j'ai besoin d'un prêtre pour bien mourir.

— Bien mourir, Monsieur, n'est pas mourir bravement, c'est mourir chrétiennement.

— Si j'avais voulu un sermon, j'aurais gardé l'aumônier, qui s'en serait tiré aussi bien que vous ; mais j'avais demandé M. Gaston de Chanlay.

— Et le voilà, Monsieur, j'ai pour principe de ne rien refuser à ceux qui n'ont plus rien à attendre.

— Ah ! c'est vous, chevalier, dit La

Jonquière en se retournant, soyez le bienvenu.

— Capitaine, dit Gaston, je vois avec douleur que vous refusez les secours de la religion.

— Vous aussi! bon, si vous dites encore un mot là-dessus l'un ou l'autre, je vous déclare que je me fais huguenot.

— Pardon, capitaine, dit Gaston, mais j'avais cru de mon devoir de vous donner le conseil de faire ce que je ferai moi-même.

— Aussi je ne vous en veux pas, chevalier; quand je serai ministre, je proclamerai la liberté des cultes, maintenant, monsieur Delaunay, continua La Jonquière en se grattant le nez, vous devez comprendre que lorsqu'on est sur le point d'entreprendre en tête-à-tête un voyage aussi long que celui que nous allons faire, le chevalier et moi, on n'est pas fâché de causer un peu sans témoins.

— Je vous comprends, Monsieur, et je me retire. Chevalier, vous avez une heure à rester ici, dans une heure on viendra vous reprendre.

— Merci, Monsieur, dit Gaston, en s'inclinant en signe de remercîment.

Le gouverneur sortit, et Gaston l'entendit donner en sortant des ordres qui avaient sans doute pour but un redoublement de surveillance.

Gaston et La Jonquière se retrouvèrent seuls.

— Eh bien! dit le capitaine.

— Eh bien! reprit Gaston, vous avez raison, et vous me l'aviez bien dit.

— Oui, dit La Jonquière, mais je suis exactement comme cet homme qui tournait autour de Jérusalem en criant *Malheur!* Pendant sept jours, il tourna en criant ainsi, et le septième jour une pierre lancée des murailles l'atteignit et le tua.

— Oui, je sais que vous êtes condamné aussi, et que nous devons mourir ensemble.

— Ce qui vous contrarie un peu, n'est-ce pas?

— Beaucoup, car j'avais bien des raisons de tenir à la vie.

— On en a toujours.

— Oui, mais moi plus qu'un autre.

— Alors, mon cher ami, je ne sais qu'un moyen.

— Faire des révélations, jamais!

— Non, mais fuir avec moi.

— Comment fuir avec vous!

— Oui, je décampe.

— Mais vous savez que notre exécution est fixée à demain matin.

— Aussi, je décampe cette nuit même.

— Vous fuyez ? dites-vous.

— Parfaitement.

— Et par où ? Comment ?

— Ouvrez cette fenêtre.

— J'y suis.

— Secouez le barreau du milieu.

— Grand Dieu !

— Est-ce qu'il résiste ?

— Non, au contraire, il vient.

— A la bonne heure. Il m'a donné assez de peine ; Dieu merci!

— Oh ! il me semble que c'est un rêve.

— Vous rappelez-vous que vous m'avez

demandé si je ne m'amusais pas aussi à percer quelque chose comme les autres.

— Oui, mais vous m'avez répondu...

— Que je vous répondrais plus tard.... Voilà ma réponse. Trouvez-vous qu'elle en vaille une autre?

—Excellente. Mais comment descendre?

— Aidez-moi.

— A quoi?

— A fouiller dans ma paillasse.

— Une échelle de cordes.

— Justement.

— Mais comment avez-vous pu vous la procurer?

— Je l'ai reçue avec une lime, dans un pâté de mauviettes, le jour même de mon arrivée.

— Capitaine, vous êtes décidément un grand homme.

— Je le sais bien. Sans compter encore que je suis un bon homme; car enfin je pourrais me sauver seul.

— Et vous avez pensé à moi !

— Je vous ai fait demander, en disant que je voulais m'entendre avec vous pour faire des aveux. Je savais bien qu'en les affriandant je leur ferais faire quelque sottise.

— Dépêchons-nous, capitaine, dépêchons-nous.

— Chut! au contraire, faisons les choses lentement et sagement, nous avons une heure devant nous, et il n'y a pas cinq minutes que le gouverneur est sorti.

— A propos, mais les sentinelles?

— Bah! il fait noir.

— Mais le fossé qui est plein d'eau...

— L'eau est gelée.

— Mais la muraille...

— Quand nous y serons, il sera temps de nous en occuper.

— Faut-il attacher l'échelle?

— Attendez-moi, je désire m'assurer par moi-même qu'elle est solide. Je tiens à mon échine, si pitoyable qu'elle soit, et ne voudrais pas me casser le cou, en tâchant d'empêcher qu'on me le coupe.

— Vous êtes le premier capitaine de l'époque, mon cher La Jonquière.

— Bah! j'en ai bien fait d'autres, allez, dit La Jonquière en faisant le dernier nœud à son échelle.

— Est-ce fini? demanda Gaston.

— Oui.

— Voulez-vous que je passe le premier?

— Comme il vous plaira.

— Cela me plaît.

— Allez, en ce cas.

— Est-ce haut?

— Quinze ou dix-huit pieds.

— Bagatelle.

— Oui, pour vous qui êtes jeune, mais pour moi c'est une affaire; soyons donc prudents, je vous prie.

— Soyez tranquille.

En effet, Gaston descendit le premier, lentement et prudemment suivi par La Jonquière, qui riait sous cape, et maugréait chaque fois qu'il se meurtrissait les doigts ou que le vent balançait l'échelle de cordes.

— Quelle besogne pour le successeur des Richelieu et des Mazarin, murmurait

Dubois entre ses dents. Il est vrai que je ne suis pas encore cardinal ; c'est ce qui me sauve.

Gaston toucha l'eau ou plutôt la glace du fossé. Un instant après La Jonquière était à ses côtés. La sentinelle, à moitié gelée, était dans sa guérite et n'avait rien vu.

— Maintenant, suivez-moi, dit La Jonquière.

— Gaston suivit le capitaine. De l'autre côté du fossé une échelle les attendait.

— Vous avez donc des complices? demanda Gaston.

— Parbleu! croyez-vous que le pâté de mauviettes soit venu tout seul ?

— Dites donc qu'on ne se sauve pas de la Bastille! s'écria Gaston tout joyeux.

— Mon jeune ami, dit Dubois en s'arrêtant au troisième échelon, sur lequel il était déjà parvenu, croyez-moi, ne vous engagez pas à vous y faire remettre sans moi ; vous pourriez bien ne pas vous en tirer la seconde fois aussi heureusement que la première.

Ils continuèrent de monter au haut du mur, et sur la plate-forme se promenait une sentinelle ; mais au lieu de s'opposer à l'ascension des deux fugitifs, cette sentinelle offrit la main à la Jonquière pour l'aider à atteindre la plate-forme ; puis tous trois, en silence et avec la rapidité de gens qui connaissent la valeur des minutes, ils tirèrent l'échelle à eux et la replacèrent de l'autre côté de la muraille.

La descente se fit avec le même bonheur que s'était faite l'ascension, et La Jonquière et Gaston se retrouvèrent dans un autre fossé gelé comme le premier.

— Maintenant, dit le capitaine, emportons cette échelle, pour ne pas compromettre le pauvre diable qui nous a aidés.

— Nous sommes donc libres? demanda Gaston.

— Mais à peu près, répondit La Jonquière.

Cette nouvelle doubla la puissance de Gaston, qui prit l'échelle sur son épaule et l'emporta.

— Peste, chevalier! dit La Jonquière : feu Hercule était peu de chose auprès de vous, ce me semble.

— Bah! dit Gaston, en ce moment j'enlèverais la Bastille.

Ils firent une trentaine de pas en silence, et se trouvèrent dans une ruelle du faubourg Saint-Antoine. Quoiqu'il fût neuf heures-et-demie à peine, les rues étaient désertes, car la bise soufflait violemment.

— Maintenant, mon cher chevalier, dit La Jonquière, faites-moi l'amitié de me suivre jusqu'au coin du faubourg.

— Je vous suivrais jusqu'en enfer.

— Non pas si loin, s'il vous plaît; car,

pour plus grande sûreté, nous allons tirer chacun de notre côté.

— Qu'est-ce que cette voiture ? demanda Gaston.

— La mienne.

— Comment la vôtre ?

— Oui.

— Peste, mon cher capitaine; une voiture à quatre chevaux; vous voyagez comme un prince.

— A trois chevaux, chevalier, car il y a un de ces chevaux pour vous.

— Comment, vous consentez ?

— Pardieu ! ce n'est pas le tout.

— Quoi ?

— Vous n'avez pas d'argent.

— On m'a fouillé, et l'on m'a pris tout ce que je possédais sur moi.

— Voilà une bourse de cinquante louis.

— Mais, capitaine...

— Allons donc, c'est l'argent de l'Espagne, prenez !

Gaston prit la bourse, tandis qu'un posillon dételait le cheval et l'amenait au chevalier.

— Maintenant, dit Dubois, où allez-vous ?

— En Bretagne rejoindre mes compagnons.

— Vous êtes fou, mon cher. Vos compagnons sont condamnés comme nous, et dans deux ou trois jours peut-être seront-ils exécutés.

— Vous avez raison, dit Gaston.

— Allez en Flandre, dit La Jonquière, allez en Flandre : c'est un bon pays. En quinze ou dix-huit heures vous aurez gagné la frontière.

— Oui, dit Gaston d'un air sombre. Merci, je sais où je dois aller.

— Allons, bon voyage, dit Dubois en montant dans sa voiture. Il fait un vent à décorner des bœufs.

— Bon voyage, répondit Gaston.

Et tous deux se serrèrent une dernière fois la main; puis chacun gagna de son côté.

## V

Comment il ne faut pas toujours juger les autres d'après soi-même, surtout lorsqu'on s'appelle Dubois.

Le régent, selon son habitude, passait la soirée chez Hélène. Depuis quatre ou cinq jours il n'y avait jamais manqué, et les heures qu'il donnait à la jeune fille étaient ses heures heureuses. Mais cette fois, la pauvre Hélène, que cette visite à son amant avait violemment émue, était revenue de la Bastille mortellement triste.

— Mais, disait le régent, rassurez-vous, Hélène, c'est demain que vous l'épouserez.

— Demain est loin, répondait la jeune fille.

— Hélène, reprenait le régent, croyez-en ma parole qui ne vous a jamais manqué. Je vous réponds que demain arrivera fort heureusement pour vous et pour lui.

Hélène poussa un profond soupir.

En ce moment un domestique entra et parla bas au régent.

— Qu'y a-t-il? demanda Hélène, que le moindre incident épouvantait.

— Rien, mon enfant, dit le duc, c'est mon secrétaire qui demande à me parler pour affaires pressées.

— Voulez-vous que je vous laisse?

— Oui ; faites-moi ce plaisir pour un instant.

Hélène se retira dans sa chambre.

En même temps la porte du salon s'ouvrit, et Dubois entra tout essoufflé.

— D'où viens-tu encore, dit le régent, et dans cet équipage?

— Parbleu! d'où je viens, dit Dubois, de la Bastille.

— Et notre prisonnier?

— Eh bien!

— A-t-on tout commandé pour son mariage?

— Oui, Monseigneur, tout, absolument, excepté l'heure que vous n'avez pas dite.

— Eh bien! mettons cela à demain huit heures du matin.

— A huit heures du matin, reprit Dubois en calculant.

— Oui. Que calcules-tu?

— Je calcule où il sera.

— Qui?

— Le prisonnier.

— Comment le prisonnier ?

— Oui, demain à huit heures du matin, il sera à quarante lieues de Paris.

— Comment, à quarante lieues de Paris?

— Au moins, s'il court toujours du train dont je l'ai vu partir.

— Que veux-tu dire ?

— Je veux dire, Monseigneur, qu'il ne manque plus qu'une chose au mariage, c'est le mari.

— Gaston !...

— S'est enfui de la Bastille il y a une demi-heure.

— Tu mens, l'Abbé, on ne se sauve pas de la Bastille.

— Je vous demande pardon, Monseigneur, quand on est condamné à mort, on se sauve de partout.

— Il s'est sauvé, sachant qu'il devait épouser demain celle qu'il aimait!

— Écoutez donc, Monseigneur, la vie est une chose friande, et on y tient; puis M. votre gendre a une tête fort agréable, et désire la garder sur ses épaules. Quoi de plus naturel?

— Et où est-il?

— Où il est? Peut-être vous apprendrai-je cela demain soir; mais à cette heure tout ce que je puis vous dire, c'est qu'il est bien loin, et tout ce que je puis vous répondre, c'est qu'il ne reviendra pas.

Le régent tomba dans une rêverie profonde.

— Mais, Monseigneur, reprit Dubois, en vérité votre naïveté cause mon éternel étonnement; il faudrait ne pas connaître le cœur humain pour supposer qu'un homme condamné à mort restera en prison quand il peut se sauver.

— Oh! M. de Chanlay! s'écria le régent.

— Eh! mon Dieu! ce chevalier, ce héros a fait comme eut fait le dernier goujat, et en vérité il a bien fait.

— Dubois, et ma fille?

— Eh bien, votre fille, Monseigneur?

— Elle en mourra, dit le régent.

— Eh non! Monseigneur. En apprenant à connaître le personnage, elle s'en consolera ; et vous la marierez à quelque petit prince d'Allemagne ou d'Italie... au duc de Modène, par exemple, dont mademoiselle de Valois ne veut pas.

— Dubois, et moi qui voulais lui faire grâce.

— Il se l'est faite à lui-même, il a trouvé la chose plus sûre ; et, ma foi, j'avoue que j'en aurais fait autant.

—Oh! toi, tu n'es pas gentilhomme ; toi, tu n'avais pas fait de serment.

—Vous vous trompez, Monseigneur,

j'avais fait celui d'empêcher Votre Altesse de faire une sottise, et j'y ai réussi.

— Allons, c'est bien, n'en parlons plus, pas un mot de tout cela devant Hélène. Je me charge de lui apprendre la nouvelle.

— Et moi, de rattraper votre gendre.

— Non pas ! il est sauvé ! Qu'il en profite !

Au moment où le régent prononçait ces paroles, un bruit étrange retentit dans la pièce voisine, et un huissier, entrant précipitamment, annonça :

— M. le chevalier Gaston de Chanlay.

Cette annonce produisit un effet bien différent sur les deux personnes qui l'entendirent. Dubois devint plus pâle qu'un mort; et son visage se crispa sous une expression de colère menaçante. Le régent se leva dans un transport de joie qui couvrit au contraire sa figure d'une vive rougeur : il y avait autant d'allégresse sur ce visage rendu sublime par la confiance que de fureur comprimée sur la fine et astucieuse figure de Dubois.

— Faites entrer, dit le régent.

— Attendez au moins que je sorte, dit Dubois.

— Ah! oui, c'est juste, il te reconnaîtrait.

Dubois se retira à pas lents et avec un grognement sourd, pareil à une hyène que l'on dérange de son festin et de ses amours.

Il entra dans la pièce voisine. Là il tomba plutôt qu'il ne s'assit sur un fauteuil placé devant une table éclairée de deux bougies et sur laquelle était tout ce qu'il fallait pour écrire. Cette vue parut faire naître en lui une idée nouvelle et terrible, car sa physionomie s'éclaira et il sourit.

Il sonna, un huissier entra.

— Allez me chercher le portefeuille qui est dans ma voiture, dit-il.

Cet ordre fut exécuté à l'instant même, Dubois saisit à la hâte quelques papiers, les remplit précipitamment avec une expression de joie sinistre, remit le tout au fond du portefeuille, puis ayant fait avancer son carrosse, il ordonna de toucher au Palais-Royal.

Pendant ce temps, l'ordre donné par le régent s'exécutait, et les portes étaient ouvertes devant le chevalier.

Gaston entra vivement et marcha droit au duc, qui lui tendit la main.

— Comment vous voilà, Monsieur ? dit le duc, essayant de donner à sa physionomie l'expression de l'étonnement.

— Oui Monseigneur, dit Gaston, un miracle s'est opéré en ma faveur, par l'entremise du brave capitaine La Jonquière : il avait tout préparé pour sa fuite ; il m'a fait demander sous prétexte de s'entendre avec moi sur nos aveux ; puis quand nous avons été seuls, il m'a tout dit et nous nous sommes évadés ensemble et heureusement.

— Et au lieu de fuir, Monsieur, de gagner la frontière, de vous mettre en sûreté, vous êtes revenu ici, au péril de votre tête.

— Monseigneur, dit Gaston en rougissant, je dois l'avouer, la liberté m'a d'abord paru la plus belle et la plus précieuse chose de la terre. Les premières gorgées d'air que j'ai respirées m'ont énivré ; mais presque aussitôt, Monseigneur, j'ai réfléchi.

— A une chose, n'est-ce pas ?

— A deux, Monseigneur.

— A Hélène, que vous abandonniez.

— Et à mes compagnons, que je laissais sous le couteau.

— Et vous avez décidé alors......

— Que j'étais lié à leur cause jusqu'à ce que nos projets fussent accomplis.

— Nos projets !

— Oui ! ne sont-ce pas les vôtres comme les miens ?

— Écoutez, Monsieur, dit le régent, je crois que l'homme doit demeurer dans la mesure de sa force. Il y a des choses que Dieu semble lui défendre d'exécuter, des avertissements qui lui disent de renoncer à certains projets. Eh bien ! je crois que c'est un sacrilège à lui que de méconnaître ces avertissements, que de rester sourd à cette voix. Nos projets sont avortés, Monsieur; n'y pensons plus.

— Au contraire, monseigneur, dit Gaston d'un air sombre et en secouant la tête ; au contraire, pensons-y plus que jamais.

— Mais vous êtes donc furieux ! Monsieur, dit le régent en souriant ; à quoi songez-vous de vouloir persister ainsi dans une entreprise devenue si difficile maintenant, qu'elle est presque insensée ?

— Je songe, Monseigneur, dit Gaston, je songe à nos amis arrêtés, jugés, condamnés, monsieur d'Argenson me l'a dit, à nos amis qui attendent l'échafaud, et que la mort seule du régent peut sauver. A mes amis qui diraient si je quittais la France, que j'ai acheté mon salut au prix de leur perte, et que les portes de la

Bastille se sont ouvertes devant mes délations.

— Ainsi, Monsieur, vous sacrifiez tout à ce point d'honneur, tout, même Hélène.

— Monseigneur, s'ils vivent encore, il faut que je les sauve.

— Mais s'ils sont morts, dit le régent.

— Alors, c'est autre chose, répondit Gaston... Alors, il faut que je les venge.

— Mais, que diable, Monsieur, reprit le duc, voilà, ce me semble, une idée un peu exagérée d'héroïsme. Il me semble que vons avez pour votre compte assez payé de votre personne. Croyez-moi; croyez-en un homme qui est reconnu pour assez bon juge en matière d'honneur. Vous êtes absous aux yeux du monde entier, mon cher Brutus.

— Je ne le suis pas aux miens, Monseigneur.

— Ainsi, vous persistez ?

— Plus que jamais. Il faut que le régent meure ; et, ajouta-t-il d'une voix sourde, le régent mourra.

— Mais, auparavant, ne voulez-vous pas voir mademoiselle de Chaverny, dit le duc d'une voix légèrement altérée.

— Oui, Monseigneur. Mais auparavant, il faut que j'aie votre parole de m'aider dans mon projet. Songez donc, Monseigneur, qu'il n'y a pas un instant à perdre ;

que mes compagnons sont là-bas, jugés et condamnés comme je l'étais. Monseigneur, dites-moi tout de suite, avant que je ne voie Hélène, que vous ne m'abandonnez pas. Laissez-moi reprendre, en quelque sorte, un nouvel engagement avec vous. Je suis homme, j'aime, et par conséquent je suis faible; je vais avoir à lutter contre les larmes et contre ma faiblesse. Monseigneur, je ne verrai Hélène qu'à la condition que vous me promettrez de me faire voir le régent.

— Et si je refusais de prendre cet engagement?

— Monseigneur, je ne reverrais pas Hélène. Je suis mort pour elle; il est inutile qu'elle revienne à l'espoir pour le reperdre; c'est bien assez qu'elle me pleure une fois.

— Et vous persistez toujours?

— Oui. Avec moins de chances seulement.

— Mais alors que feriez-vous?

— J'irais attendre le régent partout où il devrait aller, et je le frapperais partout où je le rencontrerais.

— Encore une fois réfléchissez, dit le duc.

— Sur l'honneur de mon nom, reprit Gaston, je vous somme de me prêter votre appui, ou je vous déclare que je saurai m'en passer.

— C'est bien, Monsieur ; entrez chez Hélène, et vous trouverez ma réponse à votre retour.

— Où cela ?

— Dans cette chambre même.

— Et cette réponse sera selon mes désirs ?

— Oui.

Gaston passa chez Hélène ; la jeune fille était agenouillée devant un crucifix, priant Dieu de lui rendre son amant. Au bruit que fit Gaston en ouvrant la porte, elle se retourna.

Elle crut que Dieu avait fait un miracle, et jeta un grand cri en étendant les bras vers le chevalier, mais sans avoir la force de se relever.

— Oh! mon Dieu! dit-elle, est-ce lui? est-ce son ombre?

— C'est moi, Hélène, c'est bien moi! s'écria le jeune homme en s'élançant vers Hélène et en lui saisissant les deux mains.

— Mais comment toi... toi prisonnier ce matin... toi, libre ce soir...

— Je me suis sauvé, Hélène.

— Et alors tu as pensé à moi, tu es accouru à moi, tu n'as pas voulu fuir sans moi... Oh! que je reconnais bien là mon Gaston. Eh bien! me voilà, mon ami, je suis prête, emmène-moi où tu voudras, je suis à toi... je te suis.

— Hélène, dit Gaston, tu n'es pas la fiancée d'un homme ordinaire. Si je n'eusse rien eu de plus que les autres hommes, tu ne m'eusse pas aimé.

— Oh! non certes.

— Eh bien! Hélène, aux âmes d'élite des devoirs plus grands, et par conséquent des épreuves plus grandes sont imposés. J'ai à accomplir encore, avant d'être à toi, la mission pour laquelle je suis venu à Paris. Nous avons tous deux une destinée fatale à subir... Que veux-tu, Hélène; mais il en est ainsi : notre vie ou notre mort ne tient plus qu'à un seul événement, et cet événement s'accomplira cette nuit-même!

— Que dites-vous ?... s'écria la jeune fille.

— Écoutez, Hélène, répondit Gaston, si, dans quatre heures, c'est-à-dire à la pointe du jour, vous n'avez pas de nouvelles de moi, Hélène ne m'attendez plus. Croyez que ce qui vient de se passer entre nous est un rêve. Et si vous pouvez en obtenir la permission, venez me revoir à la Bastille.

Hélène pâlit, ses bras retombèrent sans force à ses côtés. Gaston la prit par la main et la reconduisit devant son prie-Dieu, où elle s'agenouilla.

Puis l'embrassant au front comme eut fait un frère :

— Continez de prier, Hélène, dit-il; car

en priant pour moi, vous priez encore pour la Bretagne et pour la France.

Et il s'élança hors de la chambre.

— Hélas ! hélas ! murmura Hélène, sauvez-le, mon Dieu ! sauvez-le ! que m'importe le reste du monde !

En rentrant au salon, Gaston trouva un huissier qui lui annonça que le duc était parti ; mais qui lui remit un billet de sa part.

Ce billet était conçu en ces termes :

« Il y a cette nuit bal masqué à Monceaux, le régent y assistera. Il a l'habitude de se retirer seul vers une heure du matin dans une serre qu'il affectionne, et qui est située au bout de la galerie dorée. Là d'ordinaire personne n'entre que lui, parce qu'on connaît son habitude et qu'on la respecte. Le régent sera vêtu d'un domino de velours noir, sur le bras gauche duquel sera brodée une abeille d'or. Il cache ce signe dans un pli quand il désire rester inconnu. La carte que je joins à ce billet est une carte d'ambassadeur ; avec cette carte vous serez admis, non-seulement au bal, mais encore dans cette serre, où vous aurez l'air d'aller chercher une entrevue secrète. Usez-en pour votre rencontre avec le régent, ma voiture est en bas ; vous y trouverez mon propre domino : le cocher est à vos ordres. »

En lisant ce billet qui lui ouvrait toutes

les portes et qui le conduisait pour ainsi dire face à face avec celui qu'il devait assassiner, une sueur froide passa sur le front de Gaston, et il s'appuya au dossier d'une chaise; puis, comme s'il eût pris une résolution violente, il s'élança hors du salon, descendit rapidement l'escalier et sauta dans la voiture en criant au cocher :

— A Monceaux.

Mais à peine eut-il quitté le salon qu'une porte cachée dans la boiserie se rouvrit et que le duc parut; il s'avança lentement vers la porte en face, qui était celle qui conduisait chez Hélène, qui jeta un grand cri de joie en l'apercevant.

— Eh bien! lui dit le régent avec un triste sourire, êtes-vous contente, Hélène?

— Oh! c'est vous, Monseigneur, dit Hélène.

— Vous voyez, mon enfant, continua le régent que mes prédictions se sont accomplies. Croyez-en ma parole, espérez!...

— Ah! Monseigneur vous êtes donc un ange envoyé sur la terre pour me tenir lieu du père que j'ai perdu.

— Hélas! dit le régent en souriant, je ne suis pas un ange, ma chère Hélène; mais tel que je suis, je vous tiendrai lieu, en effet, de père, et d'un père bien tendre.

Et sur ces paroles, le duc prit la main

de la jeune fille et voulut la baiser respectueusement ; mais elle leva la tête, et les lèvres du régent effleurèrent son front.

— Je vois que vous l'aimez beaucoup, dit-il.

— Monseigneur, soyez béni.

— Puisse votre souhait me porter bonheur, dit le régent.

Et toujours souriant il la quitta.

Puis, remontant en voiture :

— Touche au Palais-Royal, dit-il au cocher ; mais fais attention que tu n'as qu'un quart-d'heure pour aller à Monceaux.

Le cocher brûla le pavé.

Au moment où la voiture entrait au grand galop sous le péristyle, un courrier à cheval partait lui-même à fond de train.

Dubois l'ayant vu partir ferma sa fenêtre et rentra dans les appartements.

## VI

Monceaux.

Pendant ce temps, Gaston roulait vers Monceaux.

Comme le lui avait dit le duc, il avait trouvé un masque et un domino dans la voiture : c'était un masque de velours noir et un domino de satin violet. Il mit l'un sur sa figure, l'autre sur ses épaules ; mais alors il pensa à une chose : c'est qu'il n'avait point d'armes.

En effet, en sortant de la Bastille, il était accouru dans la rue du Bac, et maintenant il n'osait retourner à son ancien logement, à l'hôtel du Muids-d'Amour, de peur d'être reconnu et arrêté. Il n'osait faire lever un coutelier, de peur d'inspirer des soupcons en achetant un poignard.

Il pensa qu'une fois arrivé à Monceaux une arme quelconque serait facile à se procurer.

Mais à mesure qu'il approchait, ce qui lui manquait le plus, ce n'était point l'arme, mais le courage. Il se faisait en lui un combat terrible : l'orgueil et l'humanité étaient aux prises, et il fallait qu'il en revînt de temps en temps, à se représenter ses amis en prison, condamnés, menacés d'une mort cruelle et infamante pour que, ramené par un retour violent sur lui-même à sa première résolution, il continuât son chemin.

Aussi, quand la voiture entra dans les cours de Monceaux et s'arrêta devant ce pavillon ardemment éclairé, malgré le froid glacial qu'il faisait, malgré la neige qui couvrait les lilas poudreux, si tristes l'hiver, si beaux et si parfumés au printemps, Gaston sentit-il une sueur froide qui perçait sous son masque et murmurat-il le mot : Déjà !

Cependant la voiture était arrêtée, la portière venait de s'ouvrir ; il fallait descendre. D'ailleurs on avait reconnu le cocher particulier du prince, la voiture dont il se servait pour ses courses secrètes, et chacun s'était élancé silencieux et prêt à obéir au premier ordre.

Gaston ne remarqua point cet empressement. Il descendit d'un pas assez ferme, quoique une espèce d'éblouissement passât sur ses yeux, et présenta sa carte.

Mais les laquais ouvrirent respectueusement leurs rangs devant lui comme pour lui dire que cette formalité du billet d'entrée était bien inutile.

C'était alors l'usage de se masquer hommes et femmes, et tout au contraire d'aujourd'hui, c'était plutôt encore les femmes que les hommes qui allaient à ces sortes de réunions le visage découvert. En effet, les femmes à cette époque non-seulement avaient l'habitude de parler librement, mais encore elles savaient parler. Le masque ne servait pas à cacher leur nullité : au dix-huitième siècle, toutes les femmes avaient de l'esprit. Il ne servait pas non plus à cacher l'infériorité du rang; au dix-huitième siècle, quand on était jolie, on était bien vite titrée ; témoin la duchesse de Châteauroux, la comtesse Dubarry.

Gaston ne connaissait personne, et cependant, d'instinct, il devinait qu'il se trouvait au milieu de la plus délicate fleur de la société de cette époque. C'étaient, en hommes, les Noailles, les Brancas, c'étaient les Broglie, les Saint-Simon, les Nocé, les Canilhac, les Byron; c'étaient, en femmes, société plus mêlée peut-être, mais certes non pas moins spirituelle, non pas moins élégante, à part quelques grands qui boudaient à Sceaux et à Saint-Cyr, autour de madame du Maine et de madame de Maintenon, toute l'aristocratie, qui se ralliait autour du prince le plus brave et le plus populaire de la famille royale. Il ne manquait à cette représentation du grand siècle écoulé que les bâtards de Louis XIV et un roi.

En effet, personne au monde, et ses ennemis eux-mêmes lui rendaient cette justice, ne savait ordonner une fête comme le régent. Ce luxe de bon goût, cette admirable profusion de fleurs qui embaumaient les salons, ces millions de lumières que multipliaient les glaces; ces princes, ces ambassadeurs, ces femmes adorablement belles et délicieusement enjouées que l'on coudoyait, tout cela produisait son effet sur le jeune provincial qui, de loin, n'avait vu dans le régent qu'un homme, et qui depuis le connaissait pour un roi, et pour un roi puissant, spirituel, gai, aimable, aimé, et surtout populaire et national.

Gaston sentit que le parfum de tout ce luxe lui montait à la tête et l'enivrait. Bien des yeux brillants sous le masque le percèrent comme des poignards rougis. Son cœur bondissait par soubresauts lorsqu'en cherchant parmi toutes ces têtes celle à laquelle ses coups étaient destinés, il apercevait un domino noir. Il allait coudoyant et heurtant, se laissant balancer comme une barque sans avirons et sans voiles par ces flots qui roulaient tout autour de lui, s'inclinant et se relevant sous ces soufflets de poésie sombre ou joyeuse qui l'enveloppaient, et passant en une seconde du paradis à l'enfer.

Sans le masque qui cachait son visage et dérobait aux yeux l'altération de sa physionomie, il n'eût pas fait quatre pas au milieu de ces salles, sans qu'en le montrant du doigt on n'eût dit ; « Voilà un assassin. »

C'est qu'il y avait quelque chose de lâche et de honteux, que ne se cachait point Gaston, à venir chez un prince son hôte, pour changer ces lustres ardents en flambeaux funèbres, pour tacher de sang ces tapisseries éblouissantes, pour éveiller la terreur au milieu des bruissements de la fête : aussi à cette pensée, son courage l'abandonna-t-il, et fit-il quelques pas vers une porte.

— Je le tuerai dehors, dit-il, mais non pas ici.

Alors il se rappela l'indication que lui avait donnée le duc. Cette carte qui devait lui ouvrir la serre isolée, et il murmura entre ses dents.

— Il avait donc prévu que j'aurais peur du monde ; il avait donc deviné que j'étais un lâche.

Cette porte vers laquelle il s'était avancé l'avait conduit vers une espèce de galerie où étaient dressés des buffets. Chacun venait à ces buffets boire ou manger.

Gaston s'en approcha comme les autres; non pas qu'il eût faim ou soif; mais, nous l'avons dit, il n'avait pas d'arme.

Il choisit un couteau long et effilé, et après avoir jeté un coup-d'œil rapide autour de lui pour voir si personne ne le regardait, il le mit sous son domino avec un funèbre sourire.

— Un couteau ! murmurait-il ; un coutéau ! Allons, la ressemblance avec Ravaillac sera complète. Il est vrai que c'est un petit-fils de Henri IV.

Cette pensée était formulée à peine dans son esprit qu'en se retournant, Gaston vit s'approcher de lui un masque vêtu d'un domino de velours bleu. A quelques pas derrière cet homme marchaient une femme et un autre homme également masqués. Le domino bleu remarqua alors qu'on le suivait et fit deux pas au-devant de ces masques, dit quelques mots à l'homme avec un ton d'autorité qui lui fit baisser la tête d'un air respectueux, puis il revint à Chanlay.

— Vous hésitez, dit-il à Gaston d'une voix bien connue.

Gaston entr'ouvrit son domino d'une main et montra au duc son couteau qui brillait à l'autre.

— Je vois le couteau qui brille; mais aussi je vois la main qui tremble.

— Eh bien! oui, Monseigneur, c'est vrai, dit Gaston; j'hésitais, je tremblais, je me sentais prêt à fuir. Mais vous voilà, Dieu merci!

— Bon! et ce féroce courage? dit le duc de sa voix moqueuse.

— Ce n'est pas que je l'ai perdu Monseigneur.

— Bon! et qu'est-il donc devenu?

— Monseigneur, je suis chez lui?

— Oui, mais vous n'êtes pas dans la serre.

— Pourriez-vous me le montrer auparavant, que je m'habitue à sa présence, que je m'exalte de la haine que j'ai pour lui ; car je ne sais comment le joindre au milieu de cette foule.

— Tout-à-l'heure, il était près de vous.

Gaston frissonna.

— Près de moi, dit le jeune homme.

— Tout près de vous, comme j'y suis, reprit le duc solennellement.

— J'irai dans la serre, Monseigneur, j'irai.

— Faites donc.

— Un moment encore, Monseigneur, que je me remette.

— Très bien, vous savez, la serre est là-bas, au bout de cette galerie; tenez, les portes en sont fermées.

— Ne m'avez-vous pas dit, Monseigneur qu'en montrant cette carte les laquais me l'ouvriraient.

— Oui, mais mieux vaut encore l'ouvrir vous-même, les laquais qui vous auraient introduit pourraient attendre votre sortie. Si vous êtes agité ainsi avant de frapper, ce sera bien autre chose après; puis le régent ne tombera peut-être pas sans se défendre, sans pousser un cri; ils accourront, vous serez arrêté, et adieu votre espoir d'avenir. Songez à Hélène, qui vous attend.

Il est impossible d'exprimer ce qui se passait dans le cœur de Gaston pendant ces paroles du duc, dont celui-ci paraissait suivre l'effet sur le visage et dans le cœur du jeune homme, sans perdre un mouvement de l'un, sans perdre un battement de l'autre.

— Eh bien! demanda Gaston d'une voix sourde, que dois-je faire? conseillez-moi.

— Quand vous serez à la porte de la serre, celle qui donne en face de cette galerie tournant à gauche, voyez-vous...

— Oui.

— Cherchez sous la serrure, et vous trouverez un bouton ciselé ; poussez-le, et la porte s'ouvrira toute seule, à moins d'être fermée en dedans ; mais le régent, qui ne se doute de rien, n'aura pas pris cette précaution ; je suis entré vingt fois ainsi en audience particulière. S'il n'y est pas quand vous entrerez, attendez-le ; s'il y est, vous le reconnaîtrez bien à son domino noir et à l'abeille d'or.

— Oui, oui, je sais, Monseigneur, dit Gaston sans savoir ce qu'il disait.

— Je ne compte pas beaucoup sur vous ce soir, reprit le duc.

— Ah ! Monseigneur, c'est que le moment approche, et qu'en une minute, je vais avoir changé toute ma vie passée en un avenir bien douteux, un avenir de honte peut-être, de remords au moins.

— De remords! reprit le duc, lorsqu'on accomplit une action que l'on croit juste, une action que commande la conscience, on n'a pas de remords. Doutez-vous donc de la sainteté de votre cause?

— Non, Monseigneur; mais il vous est facile de parler ainsi à vous. Vous n'en êtes qu'à l'idée, moi j'en suis à l'exécution, vous n'êtes que la tête, moi je suis le bras. Croyez-moi, Monseigneur, ajouta Gaston d'une voix sombre et avec un accent étouffé, c'est une chose terrible que de tuer un homme qui se livre à nous sans défense, et qui sourit à son meurtrier. Tenez, je me croyais courageux et fort; mais il doit en être ainsi de tout conspirateur qui a pris l'engagement que j'ai pris. Dans un moment d'effervescence, de fierté, d'enthousiasme ou de haine, on a fait le serment fatal; on a entre soi et sa victime tout l'espace du temps qui doit s'écouler. Puis le serment prêté, la fièvre se calme, l'effervescence décroît, l'enthousiasme s'éteint, la haine diminue. On voit apparaître de l'autre côté de l'horizon celui auquel on doit aller et qui vient à vous, chaque jour vous en rapproche et alors on frémit, car seulement alors on comprend à quel crime on s'est engagé. Et cependant, le temps inexorable s'écoule, et à chaque heure qui sonne on voit la victime qui fait un pas, jusqu'à ce qu'enfin l'intervalle disparaisse, et l'on se trouve alors face à face. Alors, alors, croyez-moi, Monseigneur, les plus braves tremblent; car un assassinat est toujours un assassinat, voyez-vous. Alors on s'aperçoit qu'on n'est pas le ministre de sa conscience, mais l'esclave de son serment. On est parti le front haut, en disant : Je suis élu ; — on arrive le front courbé, en disant : Je suis maudit.

— Il est encore temps, Monsieur, dit vivement le duc.

—Non, non, Monseigneur, vous savez bien, vous, qu'il y a une fatalité qui me pousse en avant. J'accomplirai ma tâche, quelque terrible qu'elle soit; mon cœur frémira, mais ma main restera ferme. Oui, je vous le dis, s'il n'y avait pas là-bas mes amis qui attendent la vie du coup que je vais frapper; s'il n'y avait pas ici Hélène que je couvre de deuil, si je ne la couvre de sang, oh ! j'aimerais mieux l'échafaud, l'échafaud avec son appareil et même sa honte ; car il ne punit pas : il absout.

— Allons, dit le duc, c'est bien, je vois que vous tremblerez, mais que vous agirez.

— N'en doutez pas, Monseigneur, priez pour moi, car dans une demi-heure tout sera fini.

Le duc fit un mouvement involontaire, en approuvant cependant du geste, et il se perdit dans la foule.

Gaston trouva une fenêtre entr'ouverte, elle donnait sur un balcon. Il sortit, et s'y promena un instant pour éteindre, par le froid, la fièvre qui faisait battre ses artères, et refouler le sang qui l'aveuglait.

Mais la flamme intérieure qui le consumait était trop vive, et elle continua de le dévorer. Il rentra alors dans la galerie, fit quelques pas, s'avança vers la serre, puis revint, puis s'approcha de la porte, et mit la main sur le bouton ciselé ; mais il lui sembla que plusieurs personnes réunies en groupe à quelque distance le regardaient ; il revint sur ses pas, retourna à son balcon, et entendit sonner une heure à l'église voisine.

— Cette fois, murmura-t-il, le moment est venu, et il n'y a pas à reculer. Mon Dieu ! je vous recommande mon âme, Adieu, Hélène, adieu.

Alors, d'un pas lent mais ferme, il fendit la presse, arriva droit à la porte, pressa le ressort, et la porte s'ouvrit silencieusement devant lui. Un nuage passa sur ses yeux : il se crut dans un nouveau monde. La musique n'arrivait plus à lui que comme une mélodie lointaine pleine de charmes; aux parfums factices des essences, avait succédé le parfum si doux des fleurs, au jour éblouissant de mille bougies, le délicieux crépuscule de quelques lampes d'albâtre, perdues dans le feuillage; puis, à travers les feuilles luxuriantes des plantes des tropiques, on apercevait, au-delà du vitrage de la serre les arbres mornes et dépouillés, et la neige couvrant au loin la terre comme un grand linceul.

Tout était changé, jusqu'à la température. Gaston s'aperçut seulement alors qu'un frisson parcourait ses veines. Il attribua cette impression soudaine à la hauteur des frises sous lesquelles montaient, auprès des plus magnifiques orangers en fleur, les magnolias aux disques veloutés, les érables roses et les aloës pareils à des lances ; tandis que les larges feuilles des plantes aquatiques dormaient dans des bassins d'eau si limpide qu'elle semblait noire partout où ne tremblaient pas les reflets d'une douce lumière.

Gaston avait d'abord fait quelques pas, puis il était resté immobile. Le contraste de cette verdure avec ces salons dorés l'avait consterné. Il lui semblait plus difficile encore d'allier ses pensées de meurtre avec cette suavité d'une nature enchantée, bien qu'artificielle. Le sable mollissait sous ses pieds, doux comme le plus doux tapis, et les jets d'eau élancés jusqu'au sommet des plus grands arbres faisaient entendre leur monotone et plaintive harmonie.

Cependant il continua d'avancer, suivant une espèce d'allée qui faisait des retours sur elle-même, comme fait un chemin tracé au milieu d'un parc anglais. Gaston ne voyait que confusément, car son œil trouble craignait d'y voir. Son regard interrogeait les massifs, craignant d'y distinguer une forme humaine. Parfois au bruit que faisait derrière lui une feuille qui, se détachant de sa tige, tombait en tournoyant, il se retournait saisi d'une vague terreur du côté de la porte, et croyait voir entrer la majestueuse figure noire dont ce rêve lui promettait la fatale visite.

Rien. Il avançait toujours.

Enfin, sous un catalpa aux larges feuilles, tout entouré de rhododendrons luxuriants de fleurs, adossés à des buissons où s'épanouissaient en jetant leurs parfums des milliers de roses, il aperçut le fantôme noir assis sur un siége de mousse et le dos tourné au côté d'où il venait.

Aussitôt le sang, après lui avoir fait d'un coup bondir violemment le cœur, monta à ses joues et bourdonna autour de ses tempes, ses lèvres tremblèrent, sa main

s'empreigna d'une sueur froide, et il cher-
cha machinalement un appui qu'il ne
trouva point.

Le domino demeurait immobile.

Gaston recula malgré lui. Sa main gauche s'éloigna du manche du couteau qu'il
serra avec le coude de son bras gauche.
Tout-à-coup il fit un effort désespéré, força
ses jambes rebelles à marcher, comme s'il
eût voulu rompre une entrave. Ses doigts
crispés ressaisirent et enveloppèrent de
nouveau le manche du couteau, et il fit
plusieurs pas vers le régent, en étouffant
un gémissement tout prêt à s'échapper.

En ce moment, la figure fit un léger
mouvement, et sur son bras gauche, Gaston vit non pas reluire, mais flamboyer

l'abeille d'or, qui lui sembla un foyer brûlant, un soleil de flammes.

Puis à mesure que le domino se tournait vers Gaston, les bras du jeune homme se roidissaient, l'écume montait à ses lèvres. ses dents s'entre-choquaient, car un vague soupçon commençait à lui serrer le cœur. Soudain il poussa un cri déchirant. Le domino s'était levé. Il n'avait pas de masque sur le visage, et ce visage était celui du duc d'Olivarès.

Gaston, foudroyé, demeura livide et muet. Le régent! car il n'y avait plus à en douter; le duc et le régent ne faisaient qu'un même homme; le régent gardait son attitude majestueuse et calme. Il regardait fixement la main qui tenait le poignard, et le poignard tomba. Alors il regarda Gaston avec un sourire doux et triste à la fois, et Gaston s'affaissa sur ses genoux comme un arbre tranché par la hache.

Ni l'un ni l'autre n'avait parlé. On n'entendait que le sourd gémissement qui brisait la poitrine de Gaston, et l'eau qui près d'eux retombait uniformément dans l'eau.

## VII

### Le pardon.

—Relevez-vous, Monsieur, dit le régent.

— Non, Monseigneur, s'écria Gaston en frappant la terre de son front. Oh! non, c'est à vos pieds que je dois mourir !

— Mourir ! Gaston, vous voyez bien que vous êtes pardonné !

— Oh ! Monseigneur, par grâce, punissez-moi ; car il faut que vous me méprisiez bien fort pour me pardonner !

— Mais n'avez-vous pas deviné ? demanda le duc.

— Quoi ?

— La cause pour laquelle je vous pardonne.

Gaston, d'un coup-d'œil en arrière, repassa toute sa vie : sa jeunesse triste et isolée, la mort désespérée de son frère, son amour pour Hélène, ces jours si longs séparés d'elle, ces nuits si courtes passées au dessous de la fenêtre du couvent, le voyage à Paris, la bonté du duc pour cette jeune fille, enfin cette clémence inespérée ;

mais dans tout cela, il ne voyait rien, ne devinait rien.

— Remerciez Hélène, dit le duc, qui vit que le jeune homme cherchait inutilement la raison de ce qui lui arrivait; remerciez Hélène, c'est elle qui vous sauve la vie.

—Hélène! Monseigneur, murmura Gaston.

— Je ne puis punir le fiancé de ma fille.

— Hélène est votre fille, Monseigneur, et moi j'ai voulu vous tuer!

— Oui. Songez à ce que vous avez dit tout à l'heure : on part élu, on revient assassin, et quelquefois même on revient plus qu'assassin, vous le voyez, on revient parricide, car je suis presque votre père, lui dit le duc en lui tendant la main.

— Monseigneur! ayez pitié de moi.

— Vous êtes un noble cœur, Gaston.

— Et vous, un noble prince, Monseigneur, aussi je vous appartiens désormais corps et âme, tout mon sang pour une larme d'Hélène, pour un vœu de Votre Altesse.

— Merci Gaston, dit le duc en souriant, je vous rendrai ce dévoûment en bonheur.

— Moi heureux par Votre Altesse! Ah! Monseigneur, Dieu se venge en permettant que vous me rendiez tant de biens en échange du mal que j'ai voulu vous faire.

Le régent souriait à cette effusion de joie naïve, quand la porte s'ouvrit et donna passage à un domino vert. Le masque s'avança lentement, et comme si Gaston eût deviné qu'il lui apportait la fin de son bonheur, il se recula devant lui ; à l'expression du visage du jeune homme, le duc devina qu'il se passait quelque chose de nouveau et se retourna.

— Le capitaine La Jonquière ! s'écria Gaston.

— Dubois ! murmura le duc, et son sourcil se fronça.

— Monseigneur, dit Gaston, en laissant tomber sa tête pâle d'effroi dans ses deux mains, Monseigneur, je suis perdu ! Monseigneur, ce n'est plus moi qu'il faut sauver; j'oubliais ici mon honneur, j'oubliais le salut de mes amis !

— De vos amis, Monsieur, dit froidement le duc; je croyais que vous ne faisiez plus cause commune avec de pareils hommes ?

— Monseigneur, vous m'avez dit que j'étais un noble cœur; eh bien ! croyez-en ma parole : Pontcalec, Mont-Louis, Talhouet et Ducouëdic sont de nobles cœurs comme moi.

— De nobles cœurs ! reprit le duc d'un air de mépris.

— Oui, Monseigneur, je répète ce que j'ai dit.

— Et savez-vous ce qu'ils ont voulu faire, pauvre enfant, qui fus leur mandataire aveugle, qui fus le bras qu'ils ont mis au bout de leur pensée ! Eh bien ! ils ont voulu, ces nobles cœurs, livrer leur patrie à l'étranger, ils ont voulu rayer la France du nombre des nations souveraines. Gentilshommes, ils devaient l'exemple du courage et de la loyauté ; ils ont donné celui de la lâcheté et de la trahison. — Eh bien ! vous ne répondez pas, vous baissez les yeux. Si c'est votre poignard que vous cherchez, il est à vos pieds ; ramassez-le, il est encore temps.

— Monseigneur, dit Gaston en joignant les mains, je renonce à mes idées d'assassinat ; j'y renonce en les détestant, je demande pardon à genoux de les avoir eues; mais si vous ne sauvez mes amis, je vous en prie, Monseigneur, faites-moi mourir avec mes complices. Si je vis, et qu'ils meurent, mon honneur meurt avec eux; songez-y, Monseigneur, l'honneur du nom que votre fille allait porter.

Le régent baissa la tête et répondit :

— C'est impossible, Monsieur, ils ont trahi la France, ils mourront.

— Je mourrai donc avec eux, reprit Gaston, car, moi aussi j'ai trahi la France comme eux, et de plus j'ai voulu assassiner Votre Altesse.

Le régent regarda Dubois; le regard qu'ils échangèrent n'échappa point à Gaston. Dubois souriait, le jeune homme comprit qu'il avait eu affaire à un faux La Jonquière, comme à un faux duc d'Olivarès.

— Non, dit Dubois, en s'adressant à Gaston, vous ne mourrez pas pour cela, Monsieur : seulement vous comprendrez qu'il y a des crimes auxquels le régent a le pouvoir, mais n'a pas le droit de pardonner.

— Mais il me pardonnait bien, à moi ! s'écria Gaston.

— Mais vous êtes l'époux d'Hélène, vous, dit le duc.

— Vous vous trompez, Monseigneur, je ne le suis pas, je ne le serai jamais ; et comme un pareil sacrifice entraîne la mort de celui qui le fait, je mourrai, Monseigneur.

— Bah! dit Dubois, on ne meurt plus d'amour; c'était bon du temps de M. d'Urfé et de mademoiselle de Scudéri.

— Oui, Monsieur, peut-être avez-vous raison, mais en tout temps on meurt d'un coup de poignard.

Et à ces mots, Gaston se baissa et ramassa le couteau qui était à ses pieds avec une expression à laquelle il n'y avait point à se tromper.

Dubois ne bougea point, le régent fit un pas.

— Jetez cette arme, Monsieur, dit-il avec hauteur.

Gaston en posa la pointe sur sa poitrine.

— Jetez! vous dis-je, répéta le régent.

— La vie de mes amis! Monseigneur, dit Gaston.

Le régent se tourna vers Dubois, qui souriait toujours de son sourire moqueur.

— C'est bien, dit le régent, ils vivront.

— Ah! Monseigneur! s'écria Gaston en saisissant la main du régent et en essayant de la porter à ses lèvres; Monseigneur, vous êtes l'égal de Dieu sur la terre.

— Monseigneur, vous faites une faute irréparable, dit froidement Dubois.

— Quoi ! s'écria Gaston étonné, Monsieur est donc...

— L'abbé Dubois, pour vous servir, dit le faux La Jonquière en s'inclinant.

— Oh ! Monseigneur, dit Gaston, n'écoutez que la voix de votre cœur, je vous en supplie.

— Monseigneur, ne signez rien, reprit Dubois.

— Signez, Monseigneur, signez, répéta Gaston, vous avez promis leur grâce, et, je le sais, votre promesse est sacrée.

— Dubois, je signerai, dit le duc.

— Votre Altesse l'a décidé.

— J'ai engagé ma parole.

— C'est bien ; comme il plaira à Votre Altesse.

— Tout de suite, n'est-ce pas, Monseigneur, tout de suite, s'écria Gaston. Je ne sais pourquoi je suis épouvanté malgré moi, Monseigneur ; leur grâce ! leur grâce ! je vous en supplie.

— Eh ! Monsieur, dit Dubois, puisque Son Altesse l'a promise, qu'importent cinq minutes de plus ou cinq minutes de moins.

Le régent regarda Dubois d'un air inquiet.

— Oui, vous avez raison, dit-il, à l'instant même... Ton portefeuille, l'abbé, hâtons-nous, le jeune homme est impatient.

Dubois s'inclina en signe d'assentiment, alla vers la porte de l'orangerie, appela un laquais, prit son portefeuille et présenta au régent une feuille de papier blanc sur laquelle celui-ci écrivit un ordre qu'il signa.

— Et maintenant un courrier, dit le duc.

— Un courrier! s'écria Gaston, oh! non, Monseigneur, c'est inutile.

— Et comment cela?

— Un courrier n'irait jamais assez vite;

j'irai moi-même, si Votre Altesse le permet : chaque instant que je gagnerai sauvera un siècle d'angoisses à ces malheureux.

Dubois fronça le sourcil.

— Oui, en effet, vous avez raison, dit le régent, partez-vous-même.

Il ajouta à voix basse : — Et que cet ordre surtout ne vous quitte pas.

— Mais, Monseigneur, dit Dubois, vous y mettez plus d'empressement que M. de Chanlay lui-même ; vous oubliez que s'il part ainsi, il y a quelqu'un à Paris qui va le croire mort.

Ces mots frappèrent Gaston et ils lui

rappelèrent Hélène, Hélène qu'il avait laissée inquiète dans la crainte d'un grand événement, Hélène qui l'attendrait de minute en minute, et qui ne lui pardonnerait jamais d'avoir quitté Paris sans la voir.

Aussi, en un instant sa résolution fut prise, il baisa la main du régent, prit l'ordre sauveur, salua Dubois, et allait sortir lorsque le régent lui dit :

— Pas un mot à Hélène du secret que je vous ai dévoilé, n'est-ce pas, Monsieur ? Laissez-moi le plaisir de lui apprendre moi-même que je suis son père, c'est la seule récompense que je vous demande.

— Votre Altesse sera obéie, dit Gaston, ému jusqu'aux larmes.

Et saluant de nouveau, il se précipita hors de la serre.

— Par ici, dit Dubois. Vous êtes tellement défait, qu'on croirait que vous venez réellement d'assassiner quelqu'un, et que l'on vous arrêterait. Traversez ce bosquet; au bout vous trouverez une allée qui vous conduira à la porte de la rue.

— Oh! merci. Vous comprenez que tout retard...

— Certainement, peut être fatal. C'est pourquoi, ajouta-t-il tout bas, je vous indique le plus long. Allez.

Gaston sortit. Dubois le suivit quelque temps des yeux; puis, lorsqu'il eut disparu, il se retourna vers le duc.

— Qu'avez-vous donc, Monseigneur, demanda-t-il? Vous me paraissez inquiet.

— Je le suis effectivement, Dubois, répondit le duc.

— Et pourquoi?

— Tu n'as pas mis trop de résistance à cette bonne action. Cela me tourmente.

Dubois sourit.

— Dubois, s'écria le duc, tu trames quelque chose.

— Non, Monseigneur, c'est tout tramé.

— Voyons, qu'as-tu fait encore?

— Monseigneur, je connais Votre Altesse.

— Eh bien !

— Je savais ce qui allait se passer.

— Après.

— Qu'elle n'y tiendrait pas tant qu'elle n'aurait pas signé la grâce de tous ces drôles-là.

— Achève.

— Eh bien, j'ai envoyé de mon côté aussi un courrier.

— Toi ?

— Oui, moi. Est-ce que je n'ai pas le droit d'envoyer des courriers ?

— Si fait, mon Dieu ! Mais de quel ordre était porteur ton courrier ?

— D'un ordre d'exécution.

— Et il est parti ?

Dubois tira sa montre :

— Voilà bientôt deux heures.

— Misérable !

— Ah ! Monseigneur, toujours des gros mots. Chacun ses affaires que diable ! Sauvez monsieur de Chanlay, s'il vous plaît, c'est votre gendre ; moi, je vous sauve.

— Oui, mais je connais Chanlay ; il arrivera avant ton courrier.

— Non, Monseigneur.

— Deux heures ne sont rien pour un homme de cœur comme lui, qui dévorera l'espace, et il les aura bientôt regagnées.

— Si mon courrier n'avait que deux heures d'avance, dit Dubois, M. de Chanlay le devancerait peut-être ; mais il en aura trois.

— Pourquoi cela ?

— Parce que le digne jeune homme est amoureux, et qu'en lui donnant une petite heure pour prendre congé de mademoiselle votre fille, je ne lui donne pas trop.

— Serpent !... Je comprends alors le sens de tes paroles de tout à l'heure.

— Il était dans un moment d'enthousiasme, il aurait pu oublier son amour. Vous connaissez mon principe, Monseigneur : il faut se défier des premiers mouvements, ce sont les bons.

— C'est un principe infâme !

— Monseigneur, on est diplomate ou on ne l'est pas.

— C'est bien, dit le régent, en s'avançant vers la porte, je vais le faire prévenir.

— Monseigneur, dit Dubois en arrêtant le duc avec un accent de fermeté extrême, et en tirant un papier tout préparé de son portefeuille, si vous faites cela, ayez la bonté d'accepter auparavant ma démission que voici. Plaisantons, je le veux bien ; mais Horace a dit : *est modus in rebus.* C'était un grand homme qu'Horace, sans compter encore que c'était un galant homme. Allons Monseigneur, assez de politique pour ce soir. Rentrez au bal, et demain soir, tout sera parfaitement arrangé. La France sera débarassée de quatre de ses ennemis les plus acharnés, et il vous restera à vous un gendre fort gentil que j'aime bien mieux que monsieur de Rion; foi d'abbé.

Et à ces mots, ils rentrèrent tous deux dans le bal, Dubois joyeux et triomphant; le duc triste et pensif, mais convaincu que c'était son ministre qui avait raison.

## VIII

Dernière entrevue.

Cependant Gaston était sorti de la serre le cœur épanoui par la joie : ce poids immense qui l'oppressait depuis le commencement de la conspiration et que l'amour d'Hélène avait tant de peine à soulever de temps en temps, venait de disparaître comme si un ange l'eût enlevé de dessus sa poitrine.

Puis aux rêves de vengeance, rêves terribles et sanglants, succédaient les rêves d'amour et de gloire. Hélène n'était pas seulement une femme de qualité charmante et pleine d'amour, c'était une princesse du sang royal, une de ces divinités dont les hommes paieraient la tendresse du plus pur de leur sang si, faibles comme des mortelles, elles ne donnaient pas leur tendresse pour rien.

Et puis, Gaston non-seulement sans le vouloir, mais encore malgré lui, sentait se réveiller dans un coin de son cœur, qu'il croyait tout à l'amour, les instincts endormis de l'ambition. Quelle brillante fortune que la sienne, et comme elle allait, en éclatant, faire envie aux Lauzun et aux Richelieu. Plus de Louis XIV, imposant, comme à Lauzun, l'exil ou l'abandon de sa maîtresse; plus de père irrité, combattant les prétentions d'un simple gentilhomme; mais, au contraire, un ami tout-puissant, avide de tendresse, ayant soif d'aimer une fille si pure et si noble; puis une sainte émulation entre la fille et le gendre, pour se rendre plus dignes l'un et l'autre d'appartenir à un si grand prince, à un vainqueur si clément.

Il semblait à Gaston que son cœur ne pouvait contenir tant de joie; ses amis sauvés, son avenir assuré, Hélène, fille du régent. Il pressa tellement chevaux et cocher, qu'en moins d'un quart-d'heure, il était à la maison de la rue du Bac.

La porte s'ouvrit devant lui : un cri se fit entendre. Hélène, à la fenêtre du pavillon, attendait son retour ; elle avait reconnu la voiture et s'élançait, joyeuse, à la rencontre de son ami.

— Sauvé ! s'écria Gaston en l'apercevant ; sauvé ! mes amis, moi, toi.

— Oh ! mon Dieu ! dit Hélène en pâlissant, tu l'as donc tué ?

— Non, non, Dieu merci. Oh ! Hélène, quel cœur que le cœur de cet homme, et quel homme que ce régent. Oh ! aime-le-bien, Hélène. Tu l'aimeras aussi, n'est-ce pas ?

— Explique-toi, Gaston ?

— Viens, viens, et parlons de nous. Je n'ai que quelques instants à te donner, Hélène ; mais le duc te dira tout.

— Une chose avant toutes choses, dit Hélène. Quel est ton sort, à toi, Gaston ?

—Le plus beau du monde, Hélène. Ton époux riche, honoré, Hélène. Je suis fou de bonheur.

— Et tu me restes enfin ?

— Non, je pars Hélène.

— Mon Dieu !

— Mais, pour revenir ?

— Encore séparés !

— Trois jours au plus, trois jours seulement. Je pars pour aller faire bénir ton nom, le mien, celui de notre protecteur, de notre ami.

— Mais où vas-tu?

— A Nantes.

— A Nantes.

— Oui, cet ordre renferme la grâce de Pontcalec, de Mont-Louis, de Talhouet et de Ducouëdic; ils sont condamnés à mort. Comprends-tu, et ils me devront la vie. Oh! ne me retiens pas Hélène, et songe à ce que tu as souffert tout-à-l'heure en m'attendant.

— Et par conséquent à ce que je vais souffrir encore.

— Non, mon Hélène ; car, cette fois, aucun obstacle, aucune crainte ; cette fois, tu es sûre que je reviendrai.

— Gaston, ne te verrai-je donc jamais qu'à de rares intervalles et pour quelques minutes. Ah! Gaston, j'ai cependant bien besoin d'être heureuse, va !

— Tu le seras, sois tranquille.

— J'ai le cœur serré.

— Oh! quand tu sauras tout.

— Mais alors, dis-moi tout de suite ce que je dois apprendre plus tard...

— Hélène, c'est la seule chose qui manque à mon bonheur que de tomber à tes pieds et de tout te dire... Mais J'ai promis... j'ai fait plus, j'ai juré.

— Toujours des secrets...

— Celui-là, du moins, est plein de bonheur.

— Oh! Gaston... Gaston... je tremble.

— Mais regarde-moi-donc, Hélène; regarde, et en voyant tant de joie dans mes yeux, ose me dire encore que tu as peur.

— Pourquoi ne m'emmènes-tu pas avec toi, Gaston?

— Hélène!

— Je t'en prie, partons ensemble.

— Impossible.

— Pourquoi ?

— D'abord, parce qu'il faut que dans vingt heures je sois à Nantes.

— Je te suivrai, dussé-je mourir de fatique.

— Ensuite, parce que ton sort ne t'appartient plus. Tu as ici un protecteur à qui tu dois le respect et l'obéissance.

— Le duc ?

— Oui le duc. Oh ! quand tu sauras ce qu'il a fait pour moi... pour nous...

— Laissons-lui une lettre, et il nous pardonnera.

— Non, non, il dirait que nous sommes deux ingrats, et il aurait raison ; non Hélène, tandis que je vais en Bretage, rapide comme un ange sauveur, toi, tu resteras ici, tu hâteras les préparatifs de notre mariage; et moi, tout-à-coup j'arriverai, je t'appellerai ma femme, et à tes pieds, je te remercierai alors à la fois du bonheur et de l'honneur que tu me fais.

— Tu me quittes, Gaston! s'écria la jeune fille d'une voix déchirante.

— Oh! pas ainsi, Hélène, pas ainsi; car je ne ne te quitterais pas. Oh! bien au contraire, sois joyeuse, Hélène, souris-moi, et dis-moi en me tendant ta main si pure et si loyale : « Pars, pars, Gaston; c'est ton devoir de partir. »

— Oui, mon ami, dit Hélène; peut-être

devrais-je te dire cela, mais en vérité, je n'en ai pas la force, pardonne-moi.

— Oh! Hélène, c'est mal, quand moi je suis si joyeux.

— Que veux-tu, Gaston, c'est plus fort que ma volonté. Gaston, tu emportes la moitié de ma vie avec toi, songes-y bien,

Gaston entendit sonner trois heures, et tressaillit.

— Adieu, dit-il, adieu!

— Adieu! murmura Hélène.

Et il lui serra encore une fois la main, qu'il baisa une dernière fois; et s'élançant hors de la chambre, courut vers le perron, au bas duquel hennissaient les chevaux, refroidis par le vent glacé du matin.

Mais au moment où il venait de descendre, il entendit les sanglots d'Hélène.

Il remonta rapidement et courut à elle, Elle était sur la porte de la chambre qu'il venait de quitter. Gaston l'enlaça dans ses bras, et elle se suspendit, toute défaillante, à son cou.

— Oh mon Dieu ! s'écria-t-elle, tu me quittes donc ! tu me quittes donc, Gaston ! Ecoutes bien ce que je te dis : nous ne nous reverrons plus.

— Pauvre amie ! pauvre folle ! s'écria le jeune homme, le cœur serré malgré lui.

— Oui, folle... mais de désespoir, répondit Hélène.

Et ses larmes innondèrent le visage de Gaston.

Tout-à-coup, comme après un combat intérieur, elle colla ses lèvres aux lèvres de son amant en l'étreignant avec ardeur. Puis, le repoussant doucement :

— Va, dit-elle, va, Gaston, maintenant je puis mourir.

Gaston répondit à ce baiser par des caresses passionnées. Mais, en ce moment, trois heures et demie sonnèrent.

— Encore une demi-heure qu'il faudra regagner, dit-il.

— Adieu, adieu, Gaston, pars, tu as raison; tu devrais déjà être parti.

— Adieu, et à bientôt.

— Adieu, Gaston.

Et la jeune fille rentra silencieuse dans le pavillon, comme une ombre rentre dans son tombeau.

Quant à Gaston, il se fit conduire à la poste, demanda le meilleur cheval, le fit seller, s'élança dessus, et sortit de Paris, franchissant cette même barrière par laquelle il était entré quelques jours auparavant.

## IX

**Nantes.**

La commission nommée par Dubois s'était constituée en permanence. Investie de pouvoirs illimités, ce qui, dans certains cas, veut dire fixés d'avance, elle siégea au château, soutenue par de forts détachements de troupes qni s'attendaient à chaque instant à être attaquées par les mécontents.

Depuis l'arrestation des quatre gentilshommes, Nantes, terrifiée d'abord, s'était émue en leur faveur. La Bretagne entière attendait un soulèvement; mais en attendant, elle ne se soulevait pas.

Cependant les débats approchaient. La veille de l'audience publique, Pontcalec eut avec ses amis une conversation sérieuse.

— Voyons, dit Pontcalec, avons-nous fait en paroles ou en action quelque imprudence?

— Non, dirent les trois gentilshommes!

— L'un de vous a-t-il fait l'aveu de nos

projets à sa femme, à son frère, à un ami! Vous, Mont-Louis?

— Non, sur l'honneur.

— Vous, Talhout?

— Non.

— Vous, Ducouëdic?

— Non.

— Alors, ils n'ont contre nous ni preuves ni accusations. Personne ne nous a surpris, personne ne nous veut du mal?

— Mais dit Mont-Louis, en attendant, on nous juge.

— Sur quoi, demanda Pontcalec?

— Sur des renseignements cachés, reprit Talhouet en souriant.

— Et bien cachés, ajouta Ducouëdic, puisqu'on n'en articule pas un seul mot.

— Ils en seront pour leur courte honte, reprit Pontcalec, et eux-mêmes, une belle nuit, nous forceront de nous évader pour n'être pas forcés de nous libérer un beau jour.

— Je n'en crois rien, dit Mont-Louis, qui était celui des quatre amis qui avait toujours vu l'affaire sous son jour le plus sombre, peut-être parce qu'il avait le plus à perdre d'eux tous, ayant une jeune femme et deux enfants qui l'adoraient, je n'en crois rien, j'ai vu Dubois en Angleterre, j'ai causé avec lui. C'est une figure de fouine qui se lèche le museau quand elle a soif. Dubois a soif, et nous sommes pris,

Messieurs : Dubois se désaltera dans notre sang.

— Mais, répliqua Ducouëdic, le parlement de Bretagne est-là, ce me semble.

— Oui, pour nous regarder trancher la tête, répondit Mont-Louis.

Mais à tout cela, il y avait un des quatre amis qui souriait toujours ; c'était Pontcalec.

— Messieurs, disait-il ; Messieurs, tranquillisez-vous. Si Dubois a soif, tant pis pour Dubois, il deviendra enragé, voilà tout ; mais cette fois encore, je vous en réponds, Dubois ne goûtera pas de notre sang.

Et, en effet, dès l'abord la tâche de la

commission parut difficile : pas d'aveux. pas de preuves, pas de témoignages ; la Bretagne riait au nez des commissaires, et quand elle ne riait pas, c'était encore pis, elle menaçait.

Le président expédia un courrier à Paris pour exposer l'état des choses et demander de nouvelles instructions.

— Jugez sur les projets, répondit Dubois ; on peut n'avoir rien fait, parce qu'on a été empêché, mais avoir projeté beaucoup : l'intention en matière de rébellion est réputée pour le fait.

Armée de ce levier terrible, la commission renversa bientôt toute l'espérance de la province. Il y eut une séance terrible dans laquelle les accusés passèrent tour-àtour de la raillerie à l'accusation. Mais une commission bien composée, comme Dubois les savait faire quand il voulait s'en mêler, est cuirassée contre les rieurs et les gens fâchés.

En rentrant dans la prison, Pontcalec se félicitait des vérités que lui surtout avait dites aux juges.

— N'importe, dit Mont-Louis, nous sommes dans une mauvaise affaire. La Bretagne ne se révolte point.

— Elle attend notre condamnation, répondit Talhouet.

— Alors elle se révoltera trop tard, dit Mont-Louis.

— Mais notre condamnation ne peut

avoir lieu, dit Pontcalec. Voyons, franchement, pour nous, nous sommes coupables; oui, mais sans preuves, qui osera porter un arrêt contre nous? la commission.

— Non pas la commission, Mais Dubois.

— Moi, j'ai grande envie de faire une chose, dit Ducouëdic.

— Laquelle?

— C'est à la première séance de crier : « A nous, Bretons ! » J'ai chaque fois vu dans la salle bon nombre de figures amies. Eh bien ! nous serons délivrés ou tués, mais au moins tout sera fini. J'aime mieux la mort qu'une pareille attente.

— Mais pourquoi risquer de se faire blesser par quelque sbire? dit Pontcalec.

— Parce qu'on guérit de la blessure que fait un sbire, dit Ducouëdic, et qu'on ne guérit pas de celle que fait le bourreau.

— Bien dit, Ducouëdic, s'écria Mont-Louis, et je me range à ton avis.

— Mais soyez donc tranquille, Mont-Louis, dit Pontcalec, vous n'aurez pas plus affaire au bourreau que moi.

— Ah! oui, toujours la prédiction, reprit Mont-Louis. Vous savez que je ne m'y fie pas, Pontcalec.

— Et vous avez tort.

Mont-Louis et Ducouëdic hochèrent la tête ; Mais Talhouet approuva.

— Mais cela est sûr, mes amis, continua Pontcalec. On nous condamnera à l'exil ;

nous serons forcés de nous embarquer, et je ferai naufrage en chemin. Voilà mon sort; mais le vôtre peut être différent : demandez à faire la traversée sur un autre bâtiment que moi, ou bien encore, vous avez une autre chance, c'est que je tomberai du pont, ou que je glisserai en montant un escalier. Bref, je périrai par la mer. Vous le savez, voilà ce qui est positif; et je serais condamné à mort, on me conduirait à l'échafaud, que si l'échafaud est dressé en terre ferme, vous me verrez au pied de l'échafaud aussi tranquille que me voilà.

Ce ton d'assurance donnait fort à penser aux trois amis; on est superstitieux quand on espère. L'espoir n'est qu'une superstition.

Ils en vinrent à rire de l'effroyable rapidité avec laquelle on poussait les débats. Ils ne savaient pas que Dubois expédiait de Paris courrier sur courrier, pour presser la marche de la procédure.

Enfin le jour vint où le tribunal se déclara suffisamment éclairé.

Cette déclaration redoubla la belle humeur des amis, qui, ce jour-là, furent plus mordants, plus railleurs et plus spirituels qu'ils n'avaient jamais été.

La commission se retira en séance secrète pour délibérer.

Jamais débat ne fut plus orageux; l'histoire a pénétré les secrets de ces délibérations : quelques-uns des conseillers, moins hardis dans le mal ou moins ambitieux, se révoltèrent à l'idée de condamner des gens sur des présomptions, car à part les révélations transmises par Dubois et de la véracité desquelles ils pouvaient douter, aucune révélation n'avait été faite; ceux-là exprimèrent hautement leur avis, mais la majorité était dévouée à Dubois, et l'on en vint dans le sein du comité à des querelles, à des injures, presqu'à un combat. Les débats durèrent onze heures, au bout desquelles la majorité prononça.

La veille du jugement, une commission des notables habitants, des officiers bretons, des membres du parlement, était allée trouver le bureau de la commission ministérielle, et développa devant elle des conclusions tendant à prouver que les Bretons ne s'étaient pas révoltés de fait, que le choix du roi d'Espagne au préjudice du duc d'Orléans était un droit ressortant de la constitution même de l'État, qui préfère le petit-fils d'un roi au parent collatéral, et que la province, en matière de régence, avait plus de droit de prononcer qu'un simple parlement.

La commission ministérielle, qui sentait qu'elle n'avait point de bonne réponse à donner, ne répondit pas, et les députés se retirèrent pleins d'espoir.

Mais le jugement n'en fut pas moins rendu, non pas sur l'instruction faite à Nantes, mais sur les instructions reçues de Paris. Les commissaires joignirent aux quatre chefs emprisonnés seize autres gentilshommes contumaces et déclarèrent

« Que les accusés reconnus coupables de projets de crimes et de lèse-majesté et de plans de félonie, seraient décapités. Les présens de fait, les absens en effigie. Que les murailles et fortifications de leurs châteaux seraient démolies, leurs marques de seigneurie abattues, et leurs bois de haute futaie et avenues taillés à la hauteur de neuf pieds, »

Une heure après que cette sentence fut rendue, on donna au greffier l'ordre de la signifier aux condamnés.

L'arrêt avait été rendu à la suite de cette séance si orageuse dont nous avons parlé, et où les accusés avaient trouvé de si vives marques de sympathie dans le public. Aussi, ayant battu les juges en brèche sur tous les points de l'accusation, jamais n'avaient-ils eu si bon espoir.

Ils étaient assis dans la chambre commune et soupaient, se rappelant tous les détails de la séance, lorsque tout à coup leur porte s'ouvrit, et que dans l'ombre se dessina la figure pâle et sévère du greffier.

L'apparition solennelle changea au même instant les propos plaisants en battemens de cœur.

Le greffier s'avança lentement, tandis que le geôlier se tenait à la porte, et que dans l'ombre du corridor on voyait étinceler les canons des mousquets.

— Que nous voulez-vous, Monsieur, demanda Pontcalec, et que signifie ce sinistre appareil?

— Messieurs, dit le greffier, je suis porteur de la sentence du tribunal; agenouillez-vous pour l'entendre.

— Mais ce sont des sentences de mort seulement qu'on écoute à genoux,. dit Mont-Louis.

Agenouillez-vous, messieurs, répondit le greffier.

— C'est bon pour des coupables et des gens de peu de s'agenouiller, dit Ducouëdic. Nous sommes gentilshommes et innocents, nous entendrons la sentence debout.

— Comme vous voudrez, Messieurs,

seulement découvrez-vous, car je parle au nom du roi.

Talhouet, le seul qui eût son chapeau sur sa tête, se découvrit.

Tous quatre se tinrent debout et découverts, appuyés les uns aux autres, le front pâle, mais le sourire sur les lèvres.

Le greffier lut toute la sentence sans qu'un seul murmure, un seul geste d'étonnement le vint interrompre.

Quant il eut fini :

— Pourquoi m'a-t-on dit, demanda Pontcalec, de déclarer les desseins de l'Espagne contre la France, et qu'on me laisserait aller. L'Espagne était pays ennemi, j'ai déclaré ce que je croyais savoir de ses projets et voilà qu'on nous condamne. Pourquoi cela ? La commission n'est donc composée que de lâches qui tendaient des piéges aux accusés ?

Le greffier ne répondit pas.

— Mais ajouta Mont-Louis, le régent a épargné tout Paris complice de la conspiration de Cellamare. Pas une goutte de sang n'a coulé. Cependant, ceux qui voulaient enlever le régent, le tuer peut-être, étaient aussi coupables au moins que des gens contre lesquels aucune accusation sérieuse n'a pu être articulée. Nous sommes donc choisis pour expier cette indulgence envers la capitale.

Le greffier ne répondit rien.

— Comprends donc une chose, Mont-

Louis, dit Ducouëdic, il y a là-bas une vieille haine de famille contre la Bretagne, et le régent, pour faire croire qu'il est de la famille, veut donner la preuve qu'il nous hait. Ce n'est pas nous personnellement que l'on frappe, c'est une province qui, depuis trois cents ans, réclame inutilement ses droits et ses priviléges, et que l'on veut faire coupable pour se débarrasser d'elle une bonne fois.

Le greffier gardait toujours le silence.

— Voyons, finissons-en, dit Talhouet. Nous sommes condamnés, c'est bien. Maintenant, y a-t-il ou n'y a-t-il pas d'appel?

— Il n'y en a pas, mesieurs, dit le greffier.

— Alors, vous pouvez vous retirer, dit Ducouëdic.

Le greffier salua et se retira, suivi des gardes qui l'escortaient, et la porte de la prison se referma, lourde et bruyante, sur les quatre gentilhommes.

— Eh bien ! dit Mont-Louis lorsqu'ils se retrouvèrent seuls.

— Eh bien ! nous sommes condamnés, dit Pontcalec. Je n'ai jamais dit, moi, qu'il n'y aurait pas arrêt, j'ai dit qu'il n'y aurait pas exécution, voilà tout.

— Je suis de l'avis de Pontcalec, dit Talhouet ; ce qu'ils en ont fait, c'est pour effrayer la province et mesurer sa patience.

— D'ailleurs, dit Ducouëdic, ils ne nous

exécuteront pas sans que le régent ait ratifié la condamnation. Or, à moins de courrier extraordinaire, il faut deux jours pour aller à Paris, un jour pour examiner l'affaire, et deux jours pour revenir, cela fait cinq jours ; nous avons donc cinq jours devant nous ; en cinq jours il arrive bien des choses : la province en apprenant notre arrêt se soulèvera.

Mont-Louis hocha la tête.

— Puis il y a Gaston, continua Pontcalec, que vous oubliez toujours, messieurs.

— J'ai bien peur que Gaston ne soit arrêté, messieurs, dit Mont-Louis. Je connais Gaston, et, s'il était en liberté, nous aurions déjà entendu parler de lui.

— Tu ne nieras pas au moins, prophète

de malheur, dit Talhouet, que nous n'ayons quelques jours devant nous.

— Qui sait encore? dit Mont-Louis.

— Et puis la mer, dit Pontcalec. La mer, que diable! Messieurs; vous oubliez toujours que je ne dois périr que par la mer.

— Eh bien donc, Messieurs, remettons-nous à table, dit Ducouëdic, et un dernier verre à notre santé.

— Nous n'avons plus de vin dit Mont-Louis, c'est mauvais signe.

— Bah! il en reste encore dans la cave, dit Pontcalec.

Et il appela le geôlier.

Celui-ci, en rentrant, trouva les quatre

amis à table. Il les regarda d'un air étonné.

—Eh bien, qu'y a-t-il donc de nouveau, maître Christophe, dit Pontcalec ?

Maître Christophe était de Guet et avait une vénération toute particulière pour Pontcalec, son oncle Crysogon ayant été son seigneur.

— Rien autre chose que ce que vous savez, Messieurs, dit-il.

— Alors, va nous chercher du vin.

—Ils veulent s'étourdir, dit le geôlier en sortant. Pauvres gentilshommes !

Mont-Louis seul entendit ce que venait de dire Christophe et sourit tristement.

Un instant après ils entendirent des pas

qui se rapprochaient vivement de leur chambre. La porte s'ouvrit, et Christophe reparut sans aucune bouteille à la main.

— Eh bien ? dit Pontcalec, le vin que nous t'avons demandé, où est-il ?

— Bonne nouvelle, s'écria Christophe, sans répondre à l'interpellation de Pontcalec. Bonne nouvelle, Messieurs.

Laquelle ? dit Mont-Louis en tressaillant.

— Le régent est mort.

— La Bretagne se révolte, ajouta Ducouëdic ?

— Non, Messieurs, non; car je n'oserais point appeler cela de bonnes nouvelles.

— Eh! bien, qu'y a-t-il donc! dit Pontcalec.

— Il y a que M. de Châteauneuf vient de décommander cent-cinquante hommes qui stationnaient en armes sur la place du Marché, ce qui avait effrayé tout le monde; mais ces cent-cinquante hommes viennent de recevoir contre-ordre, et rentrent dans leur caserne.

— Allons, dit Mont-Louis, je commence à croire que ce ne sera pas pour ce soir.

En ce moment six heures sonnaient.

— Eh bien! dit Pontcalec, une bonne nouvelle n'est pas une raison pour que nous restions sur notre soif. Retourne nous chercher du vin.

Christaphe sortit et revint, dix minutes après, une bouteille à la main.

Les amis, qui étaient restés à la table, remplirent les verres.

— A la santé de Gaston, dit Pontcalec en échangeant un regard d'intelligence avec ses amis pour lesquels ce toast seul était compréhensible.

Et ils vidèrent leurs verres, excepté Mont-Lous, qui, au moment où il portait le sien à sa bouche, s'arrêta.

— Eh bien ! demanda Pontcalec, qu'y a-t-il ?

— Le tambour, dit Mont-Louis, en étendant la main dans la direction où il entendait le bruit.

— Eh bien! dit Talhouet, n'as-tu pas entendu ce qu'a dit maître Christophe! ce sont les troupes qui rentrent.

Non pas, au contraire, ce sont les troupes qui sortent; ce n'est pas la retraite, c'est la générale.

— La générale, dit Talhouet, que diable cela veut-il dire?

— Rien de bon, reprit Mont-Louis en secouant la tête.

—Christophe? dit Pontcalec, en se tournant vers le geôlier.

—Oui, messieurs, vous allez savoir ce que c'est, répondit celui-ci; dans un instant je reviens.

— Il s'élança hors de la chambre, non

pas cependant sans avoir fermé soigneusement la porte derrière lui.

Les quatre amis demeurèrent dans le silence de l'anxiété. Au bout de dix minutes la porte s'ouvrit et le geôlier reparut pâle de terreur.

—Un courrier vient d'entrer dans la cour du château, dit-il; il arrivait de Paris, il a remis ses dépêches, et aussitôt les postes ont été doublés et le tambour a battu dans toutes les casernes.

— Oh! oh! dit Mont-Louis, cela nous regarde.

— On monte l'escalier, dit le geôlier, plus tremblant et plus effrayé que ceux auxquels il s'adressait.

En effet on entendit la crosse des mousquets retentir sur les dalles du corridor, et en même temps les voix de plusieurs personnes empressées se firent entendre.

La porte se rouvrit et le greffier reparut.

— Messieurs, dit-il, combien de temps désirez-vous pour mettre ordre à vos affaires en ce monde et subir votre condamnation ?

Une profonde terreur glaça jusqu'aux assistants.

— Je veux, dit Mont-Louis, le temps que l'arrêt aille à Paris et en revienne avec l'approbation du régent.

— Moi, dit Talhouet, je ne veux que le

temps nécessaire à la commission pour se repentir de son iniquité.

— Quant à moi, dit Ducouëdic, je voudrais qu'on laissât au ministre de Paris le temps de commuer cette peine en celle de huit jours de détention, que nous méritons pour avoir agi un peu légèrement.

— Et vous, Monsieur, dit gravement le greffier à Pontcalec, qui gardait le silence, que demandez-vous ?

— Moi, dit Pontcalec parfaitement calme, je ne demande absolument rien.

— Alors, Messieurs, dit le greffier, voici la réponse de la commission. — Vous avez deux heures à vous pour songer à vos affaires spirituelles et temporelles; il est six heures et demie, il faut dans deux heures et demie que vous soyez rendus sur la place du Bouffay, où aura lieu l'exécution.

Il se fit un grand silence, les plus braves sentaient la terreur les prendre à la racine des cheveux.

Le greffier sortit sans que personne ait eu un mot à lui répondre ; seulement les condamnés se regardèrent et se serrèrent la main.

Ils avaient deux heures.

Deux heures, dans le cours ordinaire de la vie, semblent parfois des siècles ; dans d'autres moments, deux heures semblent une seconde.

Les prêtres arrivèrent, puis les soldats, puis les bourreaux.

La situation devenait terrible, Pontcalec seul ne se démentait pas, non que les autres manquassent de courage, mais ils manquaient d'espoir; cependant Pontcalec les rassurait par le calme avec lequel il répondait, non-seulement aux prêtres, mais encore aux exécuteurs qui s'étaient déjà saisis de leur proie.

On régla les préparatifs de cette terrible chose, qu'on appelle la toilette des condamnés. Les quatre patients devaient aller à l'échafaud, vêtus de manteaux noirs, pour qu'aux yeux du peuple, dont on craignait toujours la rébellion, ils demeurassent confondus parmi les prêtres chargés de les exhorter.

Puis on agita la question de leur lier les mains : question suprême !

Pontcalec répondit avec son sourire de sublime confiance :

— Et pardieu! laissez-nous les mains libres, nous irons sans nous révolter.

— Cela ne nous regarde pas, répondit l'exécuteur, qui avait affaire à Pontcalec ; à moins d'ordre particulier, toutes les dispositions sont les mêmes pour tous les condamnés.

— Et qui donne ces ordres, demanda Pontcalec en riant, est-ce le roi ?

— Non monsieur le marquis, répondit l'exécuteur, étonné d'un pareil sang-froid dont jamais il n'avait vu d'exemple, ce n'est pas le roi, c'est notre chef.

—Et où est votre chef?

— C'est celui qui cause là-bas avec le geôlier Christophe.

— Faites-le venir alors, dit Pontcalec.

— Eh bien ! maître Lamer, cria l'exécuteur, voulez-vous passer de ce côté, il y a un de ces messieurs qui vous demande.

La foudre tombant au milieu des quatre condamnés n'eût pas produit un effet plus terrible que ce nom.

— Que dites-vous? s'écria Pontcalec palpitant de terreur, comment avez-vous dit? quel nom avez-vous prononcé?

— Lamer, Monsieur, c'est notre chef.

— Pontcalec, pâle et glacé, tomba sur une chaise, en attachant un indicible regard sur ses compagnons attérés : personne autour d'eux ne comprenait rien à ce muet abattement, qui succédait si rapidement à cette grande confiance.

— Eh bien! dit Mont-Louis, s'adressant à Pontcalec avec un accent de doux reproche.

— Oui, Messieurs, vous aviez raison, dit Pontcalec, mais moi, j'avais raison aussi de croire à cette prédiction, car cette prédiction s'accomplira comme les autres. Seulement, cette fois, je me rends, et j'avoue que nous sommes perdus.

Et par un mouvement spontané, les quatre condamnés s'embrassèrent en priant Dieu.

— Qu'ordonnez-vous? demanda l'exécuteur.

— Inutile de lier les mains à ces messieurs s'ils veulent donner leur parole ; ils sont soldats et gentilshommes.

X

Le drame de Nantes.

Cependant Gaston courait sur la route de Nantes, laissant derrière lui le postillon, chargé alors, comme aujourd'hui, de retenir les chevaux au lieu de les faire avancer. Malgré ces deux forces contraires, il faisait trois lieues à l'heure. Il avait ainsi traversé Sèvres et Versailles.

En arrivant à Rambouillet, et comme le jour commençait à paraître, il vit le maître de poste et les postillons empressés autour d'un cheval qu'on venait de saigner. Le cheval était étendu au milieu de la rue, couché sur le flanc, et soufflant avec peine.

Gaston n'avait point fait d'abord attention à ce cheval, à ce maître de poste et à ces postillons. Mais en se mettant en selle lui-même, il entendit un des assistants qui disait :

— Au train dont il y va, il en tuera plus d'un d'ici à Nantes.

Gaston allait partir ; mais, frappé d'une réflexion subite et terrible, il s'arrêta et fit signe au maître de poste de lui venir parler.

Le maître de poste s'approcha.

— Qui donc est passé, demanda Gaston, allant si grand train qu'il a mis ce pauvre animal en cet état ?

— Un courrier du ministère, répondit le maître de poste.

— Un courrier du ministère ! s'écria Gaston ; et venait-il de Paris ?

— Venant de Paris.

—Depuis combien de temps, à peu près, est-il passé ?

— Voilà tantôt deux heures.

Gaston poussa un cri sourd qui ressemblait à un gémissement. Il connaissait Dubois... Dubois, qui l'avait joué sous le costume de La Jonquière. La bonne volonté du ministre lui revint alors à l'esprit et l'épouvanta. Pourquoi ce courrier expédié en toute hâte juste de deux heures avant lui?

— Oh! j'étais trop heureux, pensa le jeune homme, et Hélène avait bien raison de me dire qu'elle pressentait quelque grand malheur. Oh! je rattrapperai ce courrier, et je saurai ce qu'il porte, ou j'y laisserai ma vie.

Et il s'élança comme une flèche.

Mais dans tous ces doutes et dans toutes ces interrogations, il avait encore perdu dix minutes, de sorte qu'en arrivant à la première poste, il était toujours de deux heures en arrière. Cette fois, le cheval du courrier avait résisté, mais c'était celui de

Gaston qui était prêt à tomber. Le maître de poste voulut faire quelques observations, mais Gaston laissa tomber deux ou trois louis, et repartit au galop.

A la prochaine poste, il avait gagné quelques minutes; mais voilà tout. Le courrier qui le précédant ne ralentissait pas sa course; Gaston pressait la sienne, voilà tout. Cette effrayante rapidité doublait la défiance et la fièvre du jeune homme.

— Oh si! dit-il, j'arriverai en même temps que lui, si je ne parviens pas à le devancer.

Et il redoublait de vitesse, et il pressait son cheval, qui, à chaque poste, s'arrêtait, ruisselant de sueur et de sang, quand il ne tombait pas. A chaque poste, il apprenait que le courrier était passé presque aussi rapide que lui ; mais il gagnait toujours quelques minutes sur lui, et cela soutenait ses forces.

Les postillons, laissés bien loin derrière lui, plaignaient malgré eux ce beau jeune homme au front pâle et à l'œil terne qui courait ainsi sans prendre ni repos ni nourriture, tout ruisselant de sueur, malgré le froid, et n'ayant que ces paroles à la bouche :

— Un cheval ! un cheval ? vite, un cheval !

Et, en effet, épuisé, sans autre force que

celle du cœur, de plus en plus énivré par
la rapidité de sa course et le sentiment du
danger, Gaston sentit sa tête tourner et
son front se fendre ; la sueur de ses membres était mêlée de sang.

Etranglé par la soif et l'aridité de son
gosier, il but un verre d'eau froide à Ancenis. Depuis seize heures, c'était la première fois qu'il perdait une seconde.

Et cependant le courrier maudit avait
encore une heure et demie d'avance sur
lui. En quatre-vingts lieues Gaston n'avait gagné que quarante ou cinquante
minutes.

La nuit venait rapidement, et Gaston,
croyant toujours voir apparaître quelque

chose à l'horizon, essayait de percer l'obscurité avec son regard sanglant ; il s'avançait comme au milieu d'un rêve, croyant entendre les cloches tinter, les canons rouler, et les tambours bruire. Il avait la tête pleine de chants lugubres et de bruits sinistres; il ne vivait plus de la vie des hommes ; sa fièvre le soutenait, il volait dans les airs.

Cependant il avançait toujours. Vers les huit heures du soir il aperçut enfin à l'horizon Nantes, comme une masse au milieu de laquelle quelques lumières brillaient comme des étoiles.

Il essaya de respirer, et croyant que c'était sa cravate qui l'étouffait, il la dénoua et la jeta par le chemin.

Ainsi monté sur un cheval noir, enveloppé d'un manteau noir, nu-tête depuis longtemps, — son chapeau était tombé,— Gaston ressemblait à un cavalier fantastique se rendant à quelque sabbat.

En arrivant à la porte de Nantes son cheval s'abattit, mais Gaston ne perdit pas les étriers ; à l'aide de la bride avec laquelle il lui donna une violente secousse, à l'aide des éperons qu'il lui enfonça dans le ventre, le cheval se releva.

La nuit était noire, personne ne paraissait sur les remparts, les sentinelles disparaissaient elles-mêmes dans l'obscurité ; on eût dit une ville déserte.

Pas plus de bruit que de monde. Nous avons dit que Nantes avait l'air d'une ville déserte; nous nous trompions, Nantes avait l'air d'une ville morte.

Cependant, en passant sous la porte une sentinelle jeta à Gaston quelques mots qu'il n'entendit pas.

Il continua son chemin.

A la rue du château, son cheval s'abattit une seconde fois, mais cette fois pour ne plus se relever.

Qu'importait à Gaston cette fois, il était arrivé.

Il continua sa course à pied; ses membres étaient brisés, et cependant il ne sentait pas la fatigue; il tenait à la main le papier qu'il froissait.

Une chose l'étonnait cependant, c'était

dans ce quartier si populeux de ne rencontrer personne.

Mais à mesure qu'il avançait, il entendait comme une rumeur sourde venant de la place de Bouffay, en passant devant une longue rue dont l'extrémité donnait sur cette place.

Des lumières flamboyaient, éclairaient une mer de têtes ; mais Gaston passa. C'était au château qu'il avait affaire, et la vision s'éteignit.

Enfin, Gaston aperçut le château ; il vit le porche qui s'ouvrait béant devant lui. La sentinelle placée sur le pont-levis; voulut l'arrêter; mais Gaston, son ordre à la main, l'écarta violemment et entra sous le guichet.

Des hommes causaient tristement, et tout en causant, l'un d'eux essuyait des larmes.

Gaston comprit tout.

— Ordre de surseoir! cria-t-il, ordre de...

La parole s'éteignit dans sa gorge; mais les hommes avaient entendu mieux que cela, ils avaient vu le geste désespéré de Gaston.

— Allez donc, allez donc! crièrent-ils en lui montrant le chemin. Allez, et peut-être arriverez-vous encore à temps.

Aussitôt eux-mêmes se dispersèrent dans toutes les directions.

Gaston poursuivit sa route. Il traversa un corridor, puis des appartements vides, puis la grande salle, puis un autre corridor.

De loin, à travers les barreaux, à la lueur des torches, il découvrait cette grande réunion d'hommes qu'il avait déjà entrevue.

Il venait de traverser le château tout entier ; il était arrivé sur une terrasse ; de là il découvrait l'esplanade, un échafaud ; des hommes ; tout autour de la foule.

Gaston veut crier, on ne l'entend pas ; il agite son mouchoir, on ne le voit pas. Un homme de plus monte sur l'échafaud ; Gaston jette un cri et se précipite.

Il a sauté du haut en bas du rempart, une sentinelle veut l'arrêter, il la renverse; une espèce d'escalier conduisait à la place, il prend cet escalier.

Au bas est une espèce de barricade en charrettes, Gaston se courbe, se glisse et passe entre les roues.

Au-delà de la barricade, tous les grenadiers de Saint-Simon sont disposés en haie. Gaston fait un effort désespéré, il enfonce la haie et se trouve dans l'enceinte.

Les soldats qui voient un homme, pâle, haletant, un papier à la main, le laissent passer.

Tout-à-coup il s'arrête comme frappé de la foudre.

Talhouet, il l'a reconnu : Talhouet vient de s'agenouiller sur l'échafaud.

— Arrêtez! arrêtez! crie Gaston avec l'énergie du désespoir.

Mais en même temps l'épée de l'exécuteur en chef flamboie comme un éclair, puis on entend un coup sourd et mat, et un grand frissonnement court par toute la foule.

Le cri du jeune homme s'est perdu dans le cri général, sorti de vingt mille poitrines à la fois.

Gaston est arrivé une seconde trop tard. Talhouet est mort, et, lorsqu'il lève les yeux, il voit la tête de son ami à la main du bourreau.

Alors, noble cœur qu'il est, il comprend que, puisqu'un seul est mort, tous doivent mourir; que nul n'acceptera une grâce arrivée trop tard, d'une tête. Il regarde autour de lui; Ducouëdic monte à son tour; Ducouëdic est vêtu d'un manteau noir, il a la tête nue et le cou nu.

Gaston songe que lui aussi a un manteau noir, le cou nu et la tête nue, et il se met à rire convulsivement.

Il voit ce qui lui reste à faire, comme on voit un paysage sinistre à la lueur de la foudre qui tombe.

C'est affreux, mais c'est grand.

Ducouëdic s'incline; mais avant de s'incliner, il crie :

—Voilà comment on récompense les services des soldats fidèles; voilà comment vous tenez vos promesses, ô lâches Bretons.

Deux aides le font plier sur ses genoux. L'épée du bourreau tournoie et étincelle une seconde fois, et Ducouëdic roule près de Talhouet.

Le bourreau ramasse la tête, la montre au peuple, puis la place à l'un des angles de l'échafaud en face celle de Talhouet.

— A qui maintenant, demande maître Lamer.

— Peu importe! répondit une voix, pourvu que monsieur de Pontcalec passe le dernier; c'est porté dans son arrêt.

— A moi alors, dit Mont-Louis, à moi.

Et Mont-Louis s'élance sur l'échafaud.

Mais arrivé là, il s'arrête, ses cheveux se hérissent : en face de lui, à une fenêtre, il a vu sa femme et ses deux enfants.

— Mont-Louis! Mont-Louis! crie sa femme avec cet accent déchirant d'un cœur qui se brise. — Mont-Louis, nous voilà, regarde nous.

Au même instant, tous les yeux se concentrent vers cette fenêtre. Soldats, bourgeois, prêtres, bourreaux, regardent du même côté. Gaston profite de cette liberté de la mort qui règne autour de lui, s'élance vers l'échafaud et se cramponne à l'échelle, dont il monte les premiers degrés.

— Ma femme! mes enfans! crie Mont-Louis en se tordant les bras de désespoir; oh! retirez-vous, ayez pitié de moi!

— Mont-Louis! crie sa femme en lui présentant de loin le plus jeune de ses fils; Mont-Louis, bénis tes enfants, et peut-être que l'un d'eux te vengera un jour.

— Adieu, mes enfants, je vous bénis! crie Mont-Louis en étendant les mains vers la fenêtre.

Ces adieux funèbres percent la nuit et retentissent comme un effroyable écho dans le cœur des assistants.

— Assez, dit Lamer au patient, assez; puis, se retournant vers ses aides :

— Hâtez-vous, dit-il, ou le peuple ne nous laissera pas achever.

— Soyez tranquille, dit Mont-Louis ; le peuple me sauvât-il, je ne leur survivrais pas !

Et du doigt il montrait les têtes de ses compagnons.

— Ah ! je les avais donc bien jugés ! s'écria Gaston, qui avait entendu ces paroles, Mont-Louis, martyr, prie pour moi !

Mont-Louis se retourna ; il lui semblait avoir entendu une voix connue ; mais au moment même, les bourreaux s'emparèrent de lui, et presque aussitôt un grand cri apprit à Gaston qu'il en était de Mont-

Louis comme des autres, et que son tour était arrivé.

Gaston s'élança : en un instant il fut au sommet de l'échelle, et plana à son tour, du haut de la plate-forme infâme, sur toute cette foule. Aux trois angles de l'échafaud étaient les trois têtes de Talhouet, de Ducouëdic et de Mont-Louis.

Il y avait alors dans le peuple une émotion étrange. L'exécution de Mont-Louis, accompagnée des circonstances que nous avons rapportées, avait bouleversé la foule. Toute cette place mouvante et de laquelle s'élevaient des murmures et des imprécations, sembla à Gaston une vaste mer dont chaque vague était vivante. A ce moment, l'idée lui vint qu'il pouvait être reconnu, et que son nom, poussé par une seule bouche, pouvait l'empêcher d'exécuter son dessein. Aussitôt il tomba à genoux, et saisissant lui-même le billot, il y posa sa tête.

— Adieu, murmura-t-il, adieu, ma pauvre amie; adieu, ma douce et chère Hélène. Mon baiser nuptial va me coûter la vie, mais il ne me coûtera pas l'honneur. Hélas! ce quart-d'heure perdu dans tes bras aura fait tomber cinq têtes. Adieu, Hélène, adieu.

L'épée du bourreau étincela.

— Et vous mes amis! pardonnez-moi, ajouta le jeune homme.

Le fer s'abattit; la tête roula d'un côté et le corps de l'autre.

Alors Lamer prit la tête et la montra au peuple.

Mais aussitôt un grand murmure monta de la foule ; personne n'avait reconnu Pontcalec.

Le bourreau se trompa à ce murmure : il posa la tête de Gaston à l'angle qui était demeuré vide ; et, poussant du pied le corps dans le tombereau, où l'attendaient ceux de ses trois compagnons. Il s'appuya sur sa longue épée en criant à haute voix.

— Justice est faite !

— Et moi donc ! s'écria une voix tonnante, et moi donc ! est-ce qu'on m'oublie ?

Et Pontcalec s'élança à son tour sur l'échafaud.

— Vous! s'écria Lamer, en se reculant comme s'il eût vu apparaître un fantôme! Vous! qui vous!

— Moi, Pontcalec, allons, me voilà, je suis prêt.

— Mais, dit le bourreau tout tremblant, en regardant l'un après l'autre les quatre angles de son échafaud ; mais j'ai mes quatre têtes.

— Je suis le baron de Pontcalec, entends-tu ? c'est moi qui dois mourir le dernier, et me voilà.

— Comptez, dit Lamer, aussi pâle que le baron en lui montrant du bout de son épée les quatre angles de l'échafaud.

— Quatre têtes! s'écria Pontcalec ; impossible !

En ce moment, dans l'une des quatre têtes il reconnut la noble et pâle figure de Gaston, qui semblait lui sourire jusque dans la mort.

Et à son tour il recula d'effroi.

— Oh! tuez-moi donc bien vite! s'écria-t-il avec des gémissements d'impatience. Voulez-vous donc me faire mourir mille fois.

Pendant ce temps, un des commissaires avait monté l'échelle à son tour, appelé par l'exécuteur en chef. Il jeta un coup-d'œil sur le patient.

— Monsieur est bien le baron de Pontcalec, dit le commissaire; faites votre besogne,

— Mais, s'écria le bourreau, vous le voyez bien, les quatre têtes sont là.

— Eh bien! cela en fera cinq; ce qui abonde ne nuit pas.

Et le commissaire descendit les degrés en faisant signe aux tambours de battre.

Lamer chancelait sur les planches de son échafaud ; la rumeur grossissait. C'était plus d'horreur que n'en pouvait supporter cette foule. Un long murmure courut sur la place ; des lumières s'éteignirent ; les soldats repoussés crièrent aux armes ; il y eut un instant de bruit et de confusion, pendant lequel plusieurs voix retentirent :

— A mort, les commissaires ! à mort, les bourreaux ! criaient-elles.

Alors les canons du fort chargés à mitraille inclinèrent leurs gueules vers le peuple.

— Que ferai-je? dit Lamer.

— Frappez! répondit la même voix qui avait toujours pris la parole.

Pontcalec se jeta à genoux. Les aides fixèrent sa tête sur le billot. Alors les prêtres s'enfuirent avec horreur, les soldats tremblèrent dans les ténèbres, et Lamer frappa en détournant les yeux pour ne pas voir la victime.

Dix minutes après la place était vide et les fenêtres fermées et éteintes. L'artillerie et les fusiliers campaient autour de l'échafaud démoli, et regardaient en silence les larges taches de sang qui rougissaient le pavé.

Les religieux auxquels on rapporta les corps reconnurent avec effroi qu'il y avait effectivement, comme l'avait dit Lamer, cinq cadavres au lieu de quatre. Un de ces cadavres tenait encore dans sa main un papier froissé.

— Ce papier était la grâce des quatre autres !

Alors seulement tout fut expliqué, et le dévoûment de Gaston, qui n'avait pas eu de confidents, fut deviné.

Les religieux voulurent célébrer une messe ; mais le président Châteauneuf, qui craignait quelques troubles à Nantes, leur ordonna de la célébrer sans ornement et sans pompe.

Ce fut le jour du mercredi saint que les corps des suppliciés furent ensevelis. Le peuple fut écarté de la chapelle où reposent leurs corps mutilés, dont la chaux, assure-t-on, consuma la majeure partie.

Ainsi finit le drame de Nantes.

## XI

**Conclusion.**

Quinze jours après les événements que nous venons de raconter, un carrosse vert, le même que nous avons vu arriver à Paris au commencement de cette histoire, sortait par la même barrière qu'il était entré, et cheminait sur la route de Paris à Nantes. Une jeune femme pâle et presque mou rante y était assise aux côtés d'une sœur Augustine, qui, chaque fois qu'elle tournait les yeux vers sa compagne, poussait un soupir et essuyait une larme.

Un homme à cheval guettait cette voiture un peu au-delà de Rambouillet. Il était enveloppé d'un grand manteau qui ne laissait voir que ses yeux.

Près de lui était un autre homme enveloppé d'un manteau comme lui.

Quand la voiture passa, il poussa un profond soupir, et deux larmes silencieuses tombèrent de ses yeux.

— Adieu, murmura-t-il, adieu toute ma joie, adieu tout mon bonheur, adieu Hélène, adieu mon enfant!

— Monseigneur, dit l'homme qui était près de lui, il en coûte pour être un grand prince, et celui qui veut commander aux autres doit d'abord se vaincre lui-même. Soyez fort jusqu'au bout, Monseigneur, et la postérité dira que vous avez été grand.

— Oh! jamais je ne vous pardonnerai, Monsieur, dit le régent avec un soupir si profond qu'il ressemblait à un gémissement, car vous avez tué mon bonheur.

— Eh bien! travaillez donc pour les rois, dit en haussant les épaules le compagnon de cet homme affligé: *Noli fidere principibus terræ nec filiis eorum.*

Les deux hommes restèrent là jusqu'à ce que la voiture eût disparu à l'horizon, puis ils reprirent le chemin de Paris.

Huit jours après, la voiture entrait sous le porche des Augustines de Clisson ; à son arrivée tout le couvent s'empressa auprès de la voyageuse souffrante, pauvre fleur brisée au vent du monde.

— Venez, mon enfant, venez vivre avec nous, dit la supérieure.

— Non pas vivre, ma mère, dit la jeune fille, mais mourir.

— Ne pensez qu'au Seigneur, mon enfant, dit la bonne abbesse.

— Oui, ma mère, au Seigneur, qui est mort pour les crimes des hommes, n'est-ce pas.

La supérieure la reçut dans ses bras sans lui faire d'autre question ; elle était habituée à voir passer les souffrances de la terre et à les plaindre sans leur demander qui les avait fait souffrir.

Hélène reprit sa petite cellule dont elle avait été absente un mois à peine ; tout y était encore à la même place et comme elle l'avait laissé ; elle alla à la fenêtre : le lac dormait tranquille et morne, seulement la glace qui le couvrait avait disparu sous les pluies et avec elle la neige où, avant de partir, la jeune fille avait revu l'empreinte des pas de Gaston.

Le printemps vint; tout se reprit à la vie, excepté Hélène. Les arbres qui formaient l'enceinte du petit lac verdirent, les larges feuilles des nymphéas flottèrent encore à la surface de l'eau, les roseaux se redressèrent, et toute la peuplade des oiseaux chantants revint les habiter.

Il n'y eut point jusqu'à la grille qui ne se rouvrît pour donner passage au jardinier.

Hélène traversa encore l'été ; puis, au mois de septembre, elle mourut.

Le matin même de sa mort la supérieure reçut une lettre qui arrivait de Paris par un courrier. Elle porta à l'agonisante cette lettre qui contenait ces seuls mots :

— Ma mère ! obtenez de votre fille qu'elle pardonne au régent.

Hélène, implorée par la supérieure, pâlit à ce nom. Mais elle répondit :

— Oui, ma mère, je lui pardonne! Mais c'est parce que je vais rejoindre celui qu'il a tué.

A quatre heures du soir elle expira.

Elle avait demandé à être ensevelie à l'endroit même où Gaston détachait la barque avec laquelle il la venait voir.

Ses derniers vœux furent exaucés.

FIN.

www.ingramcontent.com/pod-product-compliance
Lightning Source LLC
Chambersburg PA
CBHW072012150426
43194CB00008B/1084